高职高专汽车制造类立体化创新教材

汽车制造物流技术

（配任务工单）

主　编　陈　义　张俊峰　谭周琴
副主编　赵　军　李彭熙　周　扬　任宏基
参　编　罗宏林　陈心赤　王　昆　李明昆

机械工业出版社

本书比较全面地介绍了汽车制造物流技术的相关内容,包括汽车制造生产物流、汽车制造工厂物流布局、生产物流现场管理、生产物料管理、生产计划管理与控制、生产智能物流六个项目。本书结合企业实际案例,将理论与实践相结合,并整合汽车制造物流技术任务工单,形成配套学习材料,对汽车物流产业的发展和汽车物流管理人才的培养起到一定的推动作用。

本书可作为高职高专院校、职业本科院校、中等职业学校、技工学校的教材,也可作为企业培训教材,还可作为企业技术人员学习汽车制造物流技术的参考书。

图书在版编目(CIP)数据

汽车制造物流技术:配任务工单/陈义,张俊峰,谭周琴主编. -- 北京:机械工业出版社,2024.9.
(高职高专汽车制造类立体化创新教材). --ISBN 978-7-111-76484-7

I. F407.471.6

中国国家版本馆 CIP 数据核字第 202482PD16 号

机械工业出版社(北京市百万庄大街 22 号　邮政编码 100037)
策划编辑:李　军　　　　　责任编辑:李　军　王华庆
责任校对:王荣庆　张　薇　　封面设计:马精明
责任印制:单爱军
北京虎彩文化传播有限公司印刷
2024 年 10 月第 1 版第 1 次印刷
184mm×260mm・11.25 印张・283 千字
标准书号:ISBN 978-7-111-76484-7
定价:59.90 元

电话服务　　　　　　　网络服务
客服电话:010-88361066　机　工　官　网:www.cmpbook.com
　　　　　010-88379833　机　工　官　博:weibo.com/cmp1952
　　　　　010-68326294　金　书　网:www.golden-book.com
封底无防伪标均为盗版　机工教育服务网:www.cmpedu.com

前言

　　世界汽车制造企业的物流成本占销售额的比例在 8% 左右，而我国汽车制造企业的物流成本占销售额的比例普遍在 15% 以上。因此，提高生产流通效率、降低物流成本成为汽车制造企业追求的目标。汽车物流的主要流程为：大量零部件生产企业生产出组装汽车所需的各种零部件；物流服务供应商将零部件运送到汽车生产厂商总装车间附近的仓库或直接送达生产线；汽车生产厂商整车生产线将各种零部件进行组装、测试，形成整车产品；物流服务供应商将下线的商品车运送至中转库或经销商；经销商将商品车销售给最终消费者。而在这一流程中，制造物流和生产制造工艺密不可分。汽车制造物流是将原材料转换为产品的重要衔接，在汽车生产制造的过程中，相配套的汽车制造物流技术就显得十分重要。这就要求我们紧跟世界汽车制造物流技术的最新动态，利用先进的汽车制造物流技术改造汽车制造过程中的物料配送、运输、包装等环节，以提高我国汽车制造物流的效率，降低制造成本，提高竞争力。

　　鉴于以上情况，我们编写了本书。本书比较全面地介绍了汽车制造物流技术的相关内容，并结合企业实际案例，将理论与实践相结合，为读者提供了系统的汽车制造物流知识，帮助读者更好地理解汽车制造过程中的物流环节，旨在为汽车制造物流产业的发展和汽车制造物流管理人才的培养提供支持。

　　本书由重庆电子科技职业大学、泸州职业技术学院的教师及北京现代汽车有限公司的生产物流工程师共同编写，其中主编为陈义、张俊峰、谭周琴，副主编为赵军、李彭熙、周扬、任宏基，参与编写的还有罗宏林、陈心赤、王昆、李明昆，陈义对全书进行了统稿。由于编者的理论水平和实践经验有限，书中难免有不足之处，恳请各位专家和读者批评指正，以便我们不断完善，在此表示感谢！

目录

前言

项目1 汽车制造生产物流 1
  教学准备 1
  任务1　认识汽车物流与汽车生产物流 2
  任务2　分析汽车生产物流管理要素和运营模式 11
  课程育人（一） 17

项目2 汽车制造工厂物流布局 19
  教学准备 19
  任务1　认识汽车制造工厂生产线布局 20
  任务2　认识汽车制造物流规划 29
  任务3　认识精益物流规划与管理 35
  课程育人（二） 43

项目3 生产物流现场管理 44
  教学准备 44
  任务1　认识生产现场6S管理与目视管理 45
  任务2　认识生产物流设备及其管理 54
  任务3　认识生产现场定置管理 66
  课程育人（三） 72

项目4 生产物料管理 73
  教学准备 73
  任务1　认识物料盘点 74
  任务2　认识不良品管理 78
  任务3　认识现场物料配送 91
  课程育人（四） 95

项目5 生产计划管理与控制 97
  教学准备 97
  任务1　认识汽车库存管理 98
  任务2　编制企业生产计划 106
  任务3　分析生产计划管理与控制策略 115
  课程育人（五） 119

项目6 生产智能物流 120
  教学准备 120
  任务1　认识生产智能物流设备AGV 121
  任务2　设置生产物料管理系统 130
  课程育人（六） 136

项目 1
汽车制造生产物流

教学准备

教学情境准备

教师活动：由教师指导对整个班级的学生进行分组，并由各小组讨论，选举出组长。教师安排组长负责小组管理，如分配、分解任务，小组团队建设，班内的协调工作等。

学生活动：组长根据对作业指导书及相关资料的学习，通过小组讨论来分解、分配任务，同时组长担任任务完成检查员。

教学目标准备

素养点：
1. 在小组中能够良好地表达自我，并懂得倾听他人
2. 能够阅读相关的教学资料
3. 通过查阅资料能够使用工具
4. 能够形成完善的逻辑思维
5. 能够独立工作
6. 能够参与小组合作
7. 能够与他人进行有效的沟通和交流

知识点：
1. 汽车物流与汽车生产物流
2. 汽车生产物流管理要素和运营模式

汽车制造物流技术

技能点：
1. 能正确理解汽车生产物流的流程及其发展现状
2. 能对具体案例进行分析，对比得出汽车生产物流运营模式的优缺点
3. 能对实际汽车制造企业物流管理要素进行归纳

 资料清单

1. 教材和电子课件
2. 汽车物流行业调研分析报告
3. 汽车生产物流运营模式实际案例
4. 任务工作单
5. 任务检查单
6. 评价表

任务 1　认识汽车物流与汽车生产物流

1.1　任务描述

微课视频
认识汽车制造
物流技术及发
展现状研究

全员分组讨论

学生活动：学生分组，10 人一组。每组展开讨论，讨论主题：对汽车生产物流的认识。选派组长进行发言。

教师活动：教师观察学生的讨论过程，观察各组学生的表现。

全员换位评价

学生对其他小组分析说明的内容进行评价，说出其他小组所述内容的优缺点。

提交评价表

教师活动：教师要求学生根据自己对任务的讨论完成情况进行评价，并提出改进意见。

学生活动：学生在任务工作单上进行自评和互评。

1.2　任务分析

教师活动：教师提供任务工作单、汽车物流行业调研分析报告，指导学生完成对汽车生产

物流的分析。

学生活动：根据教师提供的资料和教材内容进行查阅和讨论，并形成系统化逻辑思维。

1.3 理论学习

1.3.1 物流

1. 物流概述

物流的概念最早源于美国，被称为 PD（Physical Distribution），它是为了计划、执行和控制原材料、在制品库存及制成品从起源地到消费地的有效率流动而进行的两种或多种活动的集成。我国于 20 世纪 80 年代初从日本引进物流的概念。

物流业通过服务来提高物的附加价值，这个附加价值是物流活动过程中投入的活劳动与物化劳动转化而成的。它和生产劳动有本质的区别，生产劳动是通过加工、制造等过程，创造或增加物的使用价值来提高物的附加价值的。

物流是企业赖以生存和发展的外部条件，又是企业本身必须从事的重要活动。从外部来看，社会物流承担着联结社会再生产，联结企业与企业、企业与消费者、企业与供应者的重任。任何一个企业，都存在产前物流、产中物流和产后物流。

从企业本身来看，企业的物流活动可能成为企业降低成本的"宝库"，成为企业的"第三个利润源"，成为企业战略生存和发展的核心活动。

2. 物流的分类

根据不同的维度，可划分出不同类型的物流。几种划分方法为：根据物流活动的规模分为宏观物流和微观物流；根据物流活动的主体分为社会物流和企业物流；根据物流活动的地域分为国际物流和区域物流；根据物流活动的特殊性分为一般物流和特殊物流。

（1）宏观物流

宏观物流是指社会再生产总体的物流活动，是从社会再生产总体角度认识和研究的物流活动。宏观物流也指物流全体，它是从总体而不是从物流的某一个构成环节来看物流的。

（2）微观物流

消费者、生产企业所从事的实际的、具体的物流活动属于微观物流。微观物流主要包括企业物流、生产物流、供应物流、销售物流、回收物流、废弃物流、生活物流等，其研究的特点是具体性和局部性。

（3）社会物流

社会物流是指超越一家一户的，以一个社会为范畴的，以面向社会为目的的物流。社会物流的范畴是社会经济的大领域。

（4）企业物流

企业物流是指从企业角度出发，研究与之有关的物流活动。企业物流是具体的、微观的物流活动的典型领域。其典型的物流活动包括企业生产物流、企业供应物流、企业销售物流、企业回收物流、企业废弃物物流。

（5）国际物流

国际物流是指跨越国界的物流活动。

（6）区域物流

区域物流是指某一区域内部的物流活动。该区域可大可小，可以是一个国家或一个地区。

（7）一般物流

一般物流是指物流活动的共同点和一般性。物流活动的一个重要特点是涉及全社会、各企业。

（8）特殊物流

特殊物流是指在专门范围、专门领域、特殊行业，在遵循一般物流规律的基础上，具有特殊制约因素、特殊应用领域、特殊管理方式、特殊劳动对象、特殊机械装备特点的物流。

1.3.2 汽车物流

1. 汽车物流概述

汽车物流是指汽车供应链上的原材料、零部件、整车以及售后配件在各个环节之间的实体流动过程。

汽车物流是以最小的总费用为目标，按用户的需求，将汽车零部件、备件、整车从供应地向需求地实体转移的过程，是集运输、保管、包装、装卸搬运、流通加工及物流信息于一体的综合性管理活动。汽车物流的主要内容包括物质流动和物流信息流动，如图1-1所示。

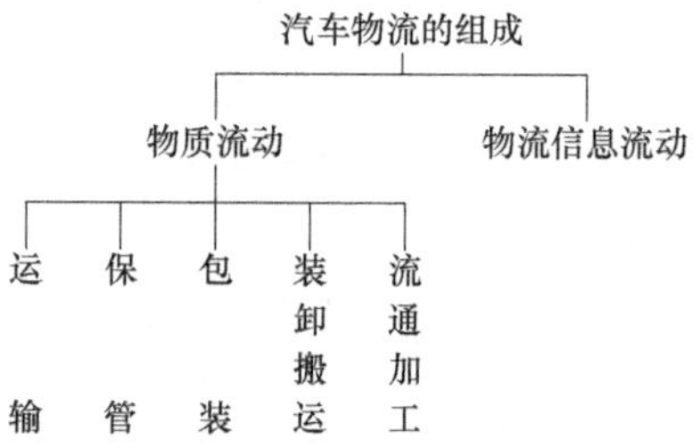

图 1-1 汽车物流的主要内容

（1）运输

汽车工业牵涉的零件很多，除汽车主机厂生产一部分零件外，还有许多零件是由专业的汽车零部件厂家生产的，要实现汽车整车的装配，运输是必不可少的。运输是指将物料进行空间移动的活动。运输过程既不改变物品的形态和特性，也不增加物品的数量，主要是指物料从供应地向需要地空间距离的传送。汽车工业的运输方式分为公路运输、铁路运输、水路运输、航空运输及管道运输等，运输的范围分为城间的运输、城市内的运输、工厂内部的运输等。

（2）保管

保管的基本任务是存储保管、存期控制、数量管理、质量维护。同时，在物资在仓库中存放的过程中，开发和开展多种服务是提高保管附加值、促进物资流通、提高社会资源效益的有效手段，也是保管的重要任务。

（3）包装

在汽车工业内部，包装是极易被人们忽视的一个环节，原料、半成品、外协件等在搬运过程中都缺乏必要的保护，有破损、丢失的隐患，使其理应创造的价值被丢弃。作为一个成功的经营者，研究包装这一课题是十分重要的。从保护产品和利于流通的角度来看，包装要考虑的问题主要包括包装的形态、大小、材料、重量等的设计和包装箱的复用率。

（4）装卸搬运

装卸搬运是运输和保管过程中产生的物流活动。把物料装到运输工具上运送到目的地后，再把物料卸下来，然后存储在仓库里保管，始终都伴随着装卸搬运活动。装卸搬运环节很容易造成物料破损、丢失、磕碰划伤等，因此这一环节已逐步为人们所重视，所采取的措施主要有严格确定装卸作业方式、合理选择和配置搬运机械、集装化和单元化运输等。

（5）流通加工

流通企业或生产企业在为用户提供商品时，为了弥补生产过程中的不足，往往需要在物流过程中进行一些辅助性的加工活动，这些加工活动被称为流通加工，如装袋、定量化小包装、拴牌子、贴标签、混装、印刷标记等工序。生产的外延流通加工包括剪断、打孔、折弯、拉拔、组装等工作，这些工作有效地满足了用户的需要，衔接了产需。

（6）物流信息

对于工厂而言，物流信息主要包括两方面的内容：原材料和协作配套件的采购、供应、贮存、运输等状况；物料品种及数量、库存量、供货品种及数量、送至哪个工位、何时送、以何种方式送等反映物流动态的资料。物流信息是支撑和指挥生产正常进行的条件，对实现系统功能有重大影响。

2. 汽车物流的分类

从产业链来看，汽车物流的主要过程为：大量的零部件生产企业生产出组装汽车所需的各种零部件，物流服务供应商将零部件运送到汽车主机厂总装车间附近的仓库或直接送达生产线，汽车主机厂整车生产线将各种零部件进行组装、测试，形成整车产品，物流服务供应商将下线的商品车运送到衔接主机厂的总库（前置库）进行仓储及管理，在总库中停放的车辆进行售前检测后由物流服务供应商运往中转库或经销商，经销商将商品车销售给最终消费者，消费者使用商品车的过程中进行保养、维修，其间所需的零部件由各大车企的零部件区域库（备件库）提供，物流供应商根据厂商指令将零部件备件运往具有维修资格的经销商。汽车产业链物流过程如图1-2所示。

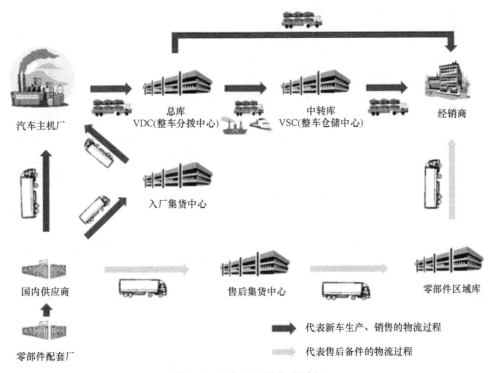

图1-2　汽车产业链物流过程

汽车企业物流管理系统中连续不断的实物流动可简化为三大部分：通过采购流入企业的原

材料；经过企业内部生产制造过程而产生的半成品或成品；通过实物分拨系统到达消费者手中的最终产品。

按物流的属性分类，汽车物流可以分为供应物流（即原材料物流）、零部件物流、整车物流和逆向物流四类。

1.3.3 汽车生产物流

汽车生产物流（Production Logistics）是指在生产过程中的物流活动。这种物流活动是与整个生产工艺过程相伴而生的，实际上已经构成了生产工艺过程的一部分。国家标准《物流术语》（GB/T 18354—2021）中将生产物流定义为："生产企业内部进行的涉及原材料、在制品、半成品、产成品等的物流活动。"

1. 基本内容和分类

企业的生产物流活动是指在生产工艺中的物流活动，一般是指原材料、燃料、外购件在投入生产之后，经过下料、发料，运送到各加工点和存储点，以在制品的形态，从一个生产单位（仓库）流入另一个生产单位，按照规定的工艺过程进行加工、储存，借助一定的运输装置，在某个点内流转，又从某个点内流出，始终体现着物料实物形态的流转过程。企业的生产物流活动始于原材料的入库，止于产成品的出库，包含了原材料采购、保存与发放，车间生产过程半成品的运送，产成品的入库、存放与外运等过程。按照流体的类型，生产物流可以分为原材料、零配件部件物流，半成品物流，产成品物流和回收物流。

1）原材料、零配件部件物流。原材料、零配件部件物流是指有计划地从供应商企业采购原材料、零配件部件，并进行存放和提供生产加工需要的活动。

2）半成品物流。半成品物流是指生产过程中的半成品从上一道工序（或车间）到下一道工序（或车间）的物流活动。

3）产成品物流。产成品物流是指产成品从生产线到产成品仓库，或者直接到下游企业的物流活动。

4）回收物流。回收物流是指生产过程中的废弃物丢弃或再生所发生的物流活动。

广义的汽车生产物流所涉及的内容包括厂址的选择、工厂总平面的布置、车间布置、设备布置、工艺流程设计、生产过程的时间及空间组织、物料搬运等。狭义的汽车生产物流也称厂区物流、车间物流，一般是指在企业的原材料、燃料、外购件投入生产后，经过下料、发料，再运送到各加工点和存储点，以在制品的形态，从一个生产单位流入另一个生产单位，按照规定的工艺过程进行加工、储存，借助一定的运输装置，在某个点内流转，又从某个点内流出，始终体现着物料实物形态的流转过程。物料在投入生产后形成物流，并随着时间的进程不断改变自己的实物形态，这一过程贯穿生产全过程和整个企业。

汽车生产主要包括冲压、焊装、涂装、总装四大工艺流程（见图1-3）。而汽车生产物流的主要任务是及时高效地为冲压、焊装、涂装、总装四大工艺提供和保管所需的物料，是汽车制造企业及时完成生产任务的重要保障。

2. 汽车生产物流的特征

汽车是由约3万个配件组成的复杂整体，涉及几百种材料和几十个加工行业。如今，对汽车品种多样化的要求更增加了汽车生产组织的复杂性，其复杂性体现在以下几个方面：

1）产品结构的复杂性。为方便组织生产，汽车产品在设计时都将整体分成若干子系统

（如发动机系统、车身系统、底盘系统等），把子系统又分成若干总成，把总成又拆分成许多部件，而部件又由许多零件组成，因而汽车产品结构相当复杂。

2）生产方式的多样性。在生产方面，轿车以大量流水线生产为主，货车及客车以系列化的大批量生产为主，重型汽车和专用车则以批量或单件生产为主。

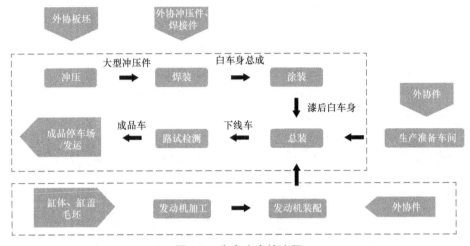

图1-3 汽车生产的流程

3）生产工序的交融性。由于汽车产品由多种零部件构成，零部件的生产工艺各有不同，因而在汽车的工艺中包含并交叉了成批生产系统的生产工序和连续生产系统的生产工序。

4）汽车工业生产的专有性。汽车零件的加工与其他零件的加工在原理上没有什么不同，但汽车工业包含许多专门技术，采用各种自动生产线和柔性自动生产线，如汽车装配会采用装配流水线。

汽车生产物流与社会物流最本质的不同之处，也是企业物流最本质的特点，即不是主要实现时间价值和空间价值的经济活动，而是主要实现加工附加价值的经济活动，其基本特征包括：连续性；平行性；比例性；均衡性或节奏性；准时性；柔性和适应性。

3. 汽车生产物流发展现状

我国作为一个制造业大国和全球制造业的中心，现代物流服务对其非常关键。制造业与物流业的联动发展能够使制造企业降低物流运作成本，提升流通效率，同时促进物流业的发展，二者相辅相成。当前制造业与物流业的融合渗透、联动发展已成为业内共识。

（1）制造业与物流业联动发展

1）制造业与物流业的发展相辅相成。制造业与物流业互为服务对象，互相促进，共同发展。制造业为物流业的发展提供设施和技术基础，物流业为制造业提供生产性服务。现代物流业发展的滞后，必将在一定程度上影响制造业的发展，影响制造业产业结构的升级，新型工业化发展也将受到制约。虽然现代物流业最初是为生产制造业服务而产生的，但经过培育发展，它完全能够成长为与制造业共生共荣的支柱产业。因此，大力发展物流服务产业，促进物流业与制造业的联动发展，对推进新型工业化，推动制造业产业结构升级，提升区域经济综合竞争优势，促进区域经济和谐发展有着重要的意义。

2）制造业与物流业互动要求迫切。制造业物流是生产服务业的重要组成部分，是提高制造业核心竞争力的关键，也是物流业发展的基础。据统计，一个制造企业纯生产的时间只占全部生产流程总时间的10%，而各种物流时间占90%；一个工业产品，生产成本只占10%，而采购与物流成本占90%；一个工业产品，生产利润只占总利润的10%，而物流与销售利润占总利润的90%。目前，我国工业品物流总额占全国社会物流总额的比重约为90%。促进制造业与物流业的有机融合、互动发展，不仅是调整产业结构、转变经济增长方式的重要途径，也是制造企业和物流企业的共同要求和迫切愿望。

（2）实现精益生产的生产物流

对精益生产（Lean Production，LP）的解释，是美国麻省理工学院国际汽车计划组织（IMVP）的专家对日本丰田准时化生产（Just In Time，JIT）方式的总结：精，即少而精，不投入多余的生产要素，只是在适当的时间生产必要数量的市场预测产品（或下道工序急需的产品）；益，即所有经营活动都要具有经济效益。

我们认为，精益生产不仅是一种生产方式，也是一种理念、一种文化。它是支撑个人与企业生命的一种精神力量，也是在永无止境的学习过程中获得自我满足的一种境界。技术的学习不难，难在理念与文化的学习与贯彻执行。

从精益生产的角度来看，作为生产的重要支撑，物流起着至关重要的作用。精益生产要求物流体系按照丰田生产系统的原理设计和改进，从交易、接收、仓储、包装和发运流程中，应用精益原理来消除浪费的时间和作业步骤，从而改善物流运作中的安全、品质、交货期和成本。因此，"精益物流"的概念应运而生。通过精益物流的实施，来保障精益生产的实现。

物流活动贯穿整个产品从输入到输出的全过程，承载着产品从卖方到买方的全部转移活动，与生产管理更是息息相关。任何一种生产方式必然对应着一种物流模式，任何生产方式的改变一定伴随着物流体系的改变，目前全社会正在大力推行精益生产，这就要求必须对企业的物流体系进行持续不断的改善，不断建立更加有效的物流控制体系，逐步减少在生产过程中存在的无效物流和冗余物流，提高物流速度，降低物流成本。

那么在精益生产方式下，要落实生产物流，究竟该如何改善呢？这也是本课程重点学习的内容。

1）编制科学、合理的生产计划。精益生产是一种"拉动式"的生产方式，这就要求与之相适应的物流系统也必须是"拉动式"的，而生产计划则是拉动整个生产和物流运作的信息源，只有信息源发出的信息精准、可靠，才能确保整个生产和物流系统的运行有条不紊，才能做到"物尽其用，货畅其流"，否则，物流将是无计划的、盲目的、杂乱的，也必然导致高成本和低效率。例如，铃木公司的生产计划，其中日程计划的准确率在90%以上，月度计划几乎不调整，正是这种前瞻、准确的生产计划，使得各上下游生产部门和相关配套厂都有充分的时间合理策划本部门的生产和物流，从而使整个生产和物流运作井井有条、紧张有序。

2）平衡总体产能，优化物流组合。均衡生产是实现准时化生产和高效物流的首要条件，这就要求在对企业的整个生产和物流进行策划时，要不断追求"均衡化"和"同步化"，在生产安排上要充分考虑下游工厂和上游工厂之间以及企业各部门之间在生产能力、物流能力等方面的匹配和平衡，一切本着经济、高效的原则，从节拍把握、产能平衡、品种分配、进度安排等方面进行详细、精确的分析测算、合理编排，并不断优化，以结构化思维持续寻求最佳平衡点；同时，各部门也要以此为依据，结合部门实际情况编制和优化本部门的作业计划或物料需求计划，统筹物流安排，持续改善物流，以达到企业生产物流整体上的均衡、同步、高效、协同。

3）强化现场管理，大力推行物品定置和现场"5S"管理。现场管理是企业一切管理工作的基础，它与企业的生产物流更是息息相关，其包括仓储场地的规划、库位设计、物品定置、目视管理和"5S"管理等方面。仓储场地的规划和库位设计应以运输距离最短、搬运次数最少和占地面积最小为原则，物品摆放应全面贯彻定置管理的思想，做到"定位、定名、定量"，分区分类存放且标识清晰。只有做好了基础的现场物流工作，才能有效地缩短运输距离，减少搬运次数，减少寻找和等待的时间，从而提高整体物流效率。

4）推行物流作业标准化。除从计划统筹、均衡性分析及现场改善等方面推进物流管理工作外，现代物流技术更强调物流管理工作的标准化，实施物流统一标准，包括技术标准和作业标准，使物流各环节有机结合起来，实现整个物流系统的全面贯通，这其中包括物流设施的规范，包装、盛装、转运器具的设计，搬运机械的统一，生产、采购、配送批量的标准化和成套化等方面。物流标准化管理是一项非常细致、复杂的工作，需要长期、持续不断地进行分析和改善。

除上面所说的四个方面以外，其他诸如物流信息管理、库存管理、在制品管理、物流人员管理、物资载运方式等都和企业的物流管理工作密不可分，也同样需要不断进行改善和创新。

（3）工业4.0智能化网联化转型

在汽车业由传统制造向智能制造转型升级的时代，汽车物流运作模式与技术应用也正在发生变革。随着"中国制造2025"的不断推进实施，我国的汽车业正在向智能制造积极转型升级。物流作为汽车产业发展的重要支撑条件之一，紧跟需求变化，不断提升物流能力，成为汽车物流服务企业在市场中立足和取得长远发展的关键。

从汽车生产制造对物流服务需求的角度来看，主要有两大变化：

1）生产物流的需求增加。随着国民消费水平的提升，汽车产量逐年增长的比例在15%~45%之间。同时，汽车由"即时生产"向"增加储备生产"转变，使需要上线的零部件种类、数量增多，以保障生产为目标的物流需求也在同步增长。例如，随着个性化定制的发展，车辆配置增多，个性化零部件需求增多，从而使零部件的数量相比原来增加10%左右，因此就需要增加零部件储备来适应生产需求。

2）物流服务效率的提升需求迫切。随着对智能制造的探索与实施，汽车制造企业急需与之匹配的高效物流服务，尤其在分拣及存储方面，效率提升的要求十分明显。

1.4 任务计划

独立查阅信息

教师活动：教师提供汽车物流行业调研分析报告。

学生活动：学生独立查阅教师提供的调研分析报告，提炼并整理调研分析报告的思维导图和逻辑关键词。

小组制订工作计划并展示

教师活动：教师要求学生小组合作制订《汽车生产物流及其发展现状调研报告》的工作计划，把思维逻辑表达清晰。

学生活动：学生分小组讨论，小组合作完成调研报告的制定。

1.5 任务决策

实战演习任务决策

教师活动：教师选出一个学生代表和自己共同完成任务决策，教师暂时担任小组长的角色。

学生活动：被选出的学生代表与教师进行决策对话，让其他学生观察，并进行口头评价、补充、改进。

提交任务决策

学生活动：每个小组制定调研报告，并在任务工作单上表述出来。

教师活动：教师对每个小组的调研报告进行确认。

1.6 任务实施

示范操作

教师活动：教师亲自示范讲解，或者播放相关的微课视频。

学生活动：学生观察教师的示范表达，或者观看微课视频中的内容。

操作实施

教师活动：教师将学生分组，并要求各组学生分工明确。在实施过程中，教师进行巡视、指导。

学生活动：学生分组，分别对相关的研究内容进行调研分析。每组5人，两组间分别汇报调研分析的内容，分别对其进行评价和监督，最终等待教师选派部分小组上台汇报。

1.7 任务检查

教师活动：教师提供任务检查单。教师要求学生分组，小组合作完成任务检查，并在任务检查单上进行标注。教师要求学生小组的成员对工作过程和工作计划进行监督和评估，记录优缺点及改进建议，并口头表述。教师要重点引导学生对小组内其他成员的支持性意见的表达，并训练学生接纳他人的建议。

学生活动：学生分组，小组合作完成任务检查，并在任务检查单上进行标注。学生按照教师的规定对小组内其他成员的工作过程提出改进建议。

1.8 任务评价

教师活动：教师归纳整理理论体系，以一页PPT展示知识点、技能点和素养点。

学生活动：学生认真反思、倾听，构建适合自己学习的知识体系。学生对照学习目标进行自我评价。

任务2　分析汽车生产物流管理要素和运营模式

2.1　任务描述

微课视频
汽车制造物流重点管理内容和运营模式

全员分组讨论

学生活动：学生分组，10人一组。每组展开讨论，讨论主题：汽车生产物流管理要素是什么？汽车生产物流的运营模式有哪些？其优缺点分别是什么？选派组长进行发言。

教师活动：教师观察学生的讨论过程，观察各组学生的表现。

全员换位评价

学生对其他小组分析说明的内容进行评价，说出其他小组所述内容的优缺点。

提交评价表

教师活动：教师要求学生根据自己对任务的讨论完成情况进行评价，并提出改进意见。

学生活动：学生在任务工作单上进行自评和互评。

2.2　任务分析

教师活动：教师提供任务工作单、汽车生产物流运营模式实际案例，指导学生对本课程学习的主要内容进行分析，组织小组对实际案例进行讨论。

学生活动：根据教师提供的资料和教材内容进行查阅和讨论，并形成系统化逻辑思维。

2.3　理论学习

2.3.1　汽车生产物流管理要素

1. 生产物流计划的编制

生产类型不同和生产组织方式不同，生产作业计划的编制方法也大不相同。常用的方法有在制品定额法、生产周期法、"看板"法、累计编号法、网络计划技术等。以年度生产物流计划的编制为例进行说明：审核数据计算指标；综合平衡；编制计划。

在外部资源存在限制性约束的情况下，汽车主机厂内部的产能必然存在着一定的约束要求。在一定的时间段内，汽车主机厂产能的安排必须要与外部工业资源的能力进行平衡，这样可以最大限度地避免风险。

任何资源都存在稀缺性，资源的获取需要一定的投资成本与投资期限。在企业的生产组织中，资源的利用与消耗存在一定的限制，这就决定了在资源的消耗管理过程中，必须充分考虑资源使用的效率与效果的最优化目标。

无论是汽车主机厂的外部供应商，还是汽车主机厂内部的生产能力，在具有良好的工业化规划管理的条件下，能力的形成都需要一定的时间周期，这个周期的长短取决于工艺能力建设准备周期的长短。

2. 生产物流的库存管理

库存管理是汽车物流与供应链管理的核心内容之一，设定一定水平的库存是为了保证汽车物流与供应链的连续性和满足网点的不确定需求。

汽车生产物流的库存管理，即管理和控制汽车销售商和备件供应商的不确定性以及汽车需求的不确定性。从备件供应商配送备件到主机厂备件配送中心的上游物流和供应链环节的不确定性因素有经济性制造批量波动、制造原材料采购周期波动、供应商制造能力、制造组织方式、物流组织方式和突发性产品质量问题等。汽车生产物流库存管理的本质就是汽车配件的库存管理与控制，它与汽车的生产和销售及市场占有状态直接相关，影响着汽车生产和客户满意度，也决定着企业生产物流的绩效。

3. 生产物流的现场控制管理

汽车生产物流包括车身流和零部件配送流两个子领域，处于汽车工业供应链中游，属于企业内部物流与供应链。

车身流指的是一个完整的整车制造过程，即按照作业计划形成底盘焊接总成后，经过焊装各个工艺流程完成白车身，经过涂装各个工艺流程完成颜色车身，再经过总装配和商业化流程进入成品车库的全过程。零部件配送流指的是在生产中由供应商或者第三方物流供应商提供所需的零部件。

而现场控制管理就是对车身流和零部件配送流的现场控制和管理，包括人员管理、约束管理、准时制管理。

约束管理主要是为了达成生产能力的平衡、物流的平衡和企业业绩的平衡，其管理内容包括按日配送、按月配送、按区配送等。准时制生产方式，又称无库存生产方式、零库存，或者超级市场生产方式。

4. 生产物料管理

生产物料管理是一个企业资产管理员的核心业务之一，做好物料盘点工作，不仅可以做到物料数量心中有数，还能及时发现物料在存储过程中出现的问题，以便随时进行改进。

对物料流和信息流进行分析的过程包括：分析客户需求；描述生产过程；描述库存；描述物料流；描述信息流；计算周期时间；总结分析结果；制定目标。

2.3.2 汽车生产物流运营模式

随着市场经济的发展，我国的企业面临着越来越复杂多变的市场环境，在市场竞争的巨大压力下，企业开始将目光转向物流，希望通过高效的物流管理来提高整个供应链的运行效率。然而，我国的生产企业在学习和借鉴国外物流管理经验的同时，必须针对国内的宏观环境、结合自身的经营现状和特点来决定自身的物流运营模式。目前汽车生产物流运营模式可以分成三大类：自营物流、物流外包以及自营物流与物流外包相结合的混合模式。

据中国仓储协会第三次全国物流需求状况调查显示，有43%的生产企业从事自营物流，

36%的生产企业的物流管理采取自营物流与物流外包相结合的混合模式,而应用物流外包的生产企业却只有21%。由此可见,生产企业的物流运营模式是多样化的,这是国内生产企业的客观选择。

1. 自营物流

(1) 自营物流的含义

供产销一体化的自营物流模式即汽车原材料、零部件和辅材等的购进物流、汽车产品的制造物流与分销商的分销物流等活动全部由汽车制造企业负责完成。在这种模式下,制造商对供应物流、制造物流及分销物流拥有完全的控制权,能够掌握第一手的客户信息,有利于改善客户服务和对整个物流进行协调与控制。

按照通常的划分方法,汽车制造企业的自营物流运营模式主要有以下两种表现形式:

1) 物流功能设备完全自给自足。汽车制造企业自备仓库、车队等物流设施,拥有一个完备的自我服务体系。其组织形式分为两种:一是企业内部各职能部门彼此独立地完成各自的物流活动;二是企业内部设有物流运作的综合管理部门,通过资源和功能的整合,专设企业物流部或物流公司来统一管理企业的物流运作。我国的汽车制造业中还有部分企业属于第一种组织形式,但大部分企业属于第二种组织形式,设立了物流部。

2) 物流功能外包。自营物流也并不是指所有的物流活动全由企业本身完成,企业也可以把本身设备或能力不足以支撑的功能外包,借助社会力量完善自己的物流体系。自营物流功能外包的表现形式主要有两种。一是利用外部丰富的物流资源,弥补自身资源的不足。随着生产规模的扩大,汽车制造企业的原有车队、仓储等硬件设备已经不能满足自身的物流需求,企业可以将有关的物流服务委托给相关的物流企业去做,即从市场上购买有关的物流服务,例如,由专门的运输公司负责原料和产品的运输。二是物流服务的基础设施为企业所有,但委托有关的物流企业来运作,使硬件设备得到合理运用,提高物流运作效率。例如,请仓储企业来管理仓库或请运输企业来管理现有的企业车队。不管是功能外包还是管理外包,这两种形式的外包都只限于一次或一系列分散的物流活动,而且是临时性的纯市场交易的活动,物流的综合管理还是要由汽车制造企业来完成。

(2) 自营物流的特点

传统的自营物流主要源于生产经营的纵向一体化。生产企业自备仓库、车队等物流设施,内部设立综合管理部门统一企业的物流运作。在自我运输服务需求满足的情况下,生产企业会把闲置的物流资源用于其他生产企业或者消费者服务机构。这种自营物流服务还停留在简单的生产管理环节。对生产企业来说,物流活动完全是一种附属产物,不能带来产品增值。

(3) 自营物流的优缺点

从汽车制造企业的实际需求出发,一般来说,自营物流运营模式的优点大致可以概括为以下四个方面:

1) 对汽车供应链的各个环节有很大程度的控制权。由于自营物流可以使企业掌握第一手的客户信息、市场变化情况,因此,可以快速对客户的需求做出反应,改善客户服务,协调和控制整个供应链的物流活动。与其他业务环节密切配合,可以减少与其他企业的交易活动和交易费用,全力服务于本企业的经营管理,以保证本企业顺利发展,获得长期稳定的利润。汽车制造企业采用自营物流的方式,有利于对供应和分销渠道进行控制,且大多数汽车制造企业都拥有自己的汽车销售公司和营销服务网络系统。

2）自营物流使整个物流体系隶属于汽车制造企业自身，信息沟通方便，指挥调动灵活。该模式可以使原材料和零配件采购、配送及生产支持从战略上一体化，实现准时采购，增加批次，减少批量，调控库存，减少资金占用，降低成本，从而实现零库存、零距离和零营运资本。

3）盘活企业原有资产。据统计，目前在生产企业中，73%的企业拥有汽车车队，73%的企业拥有仓库，33%的企业拥有机械化装卸设备，3%的企业拥有铁路专用线。企业选择自营物流，可以在改造企业经营管理结构和机制的基础上盘活原有物流资源，带动资金流转，为企业创造利润空间。

4）提高企业品牌价值。企业自建物流系统，就能够自主控制营销活动，一方面可以亲自为顾客服务到家，使顾客近距离了解企业、熟悉产品；另一方面，企业可以掌握最新的顾客信息和市场信息，并根据顾客需求和市场发展动向对战略方案做出调整。

但采取自营物流运营模式也存在一些缺点：

1）增加企业投资负担，削弱企业抵御市场风险的能力。企业为了自营物流，就必须投入大量的资金用于仓储设备、运输设备以及相关的人力资本，这必然会减少企业对其他重要环节的投入，削弱企业的市场竞争能力。

2）企业配送效率低下，管理难以控制。对于绝大多数企业而言，物流部门只是企业的一个后勤部门，物流活动也并非企业所擅长的。在这种情况下，企业自营物流就等于迫使企业从事不擅长的业务活动，企业的管理人员往往需要花费过多的时间、精力和资源去从事辅助性的工作。但结果是，辅助性的工作没有抓起来，关键性业务也无法发挥出核心作用。

3）规模有限，物流配送的专业化程度非常低，成本较高。对于规模不大的企业，其产品数量有限，采用自营物流运营模式，不能形成规模效应，一方面导致物流成本过高，产品在市场上的竞争能力下降；另一方面，由于规模有限，物流配送的专业化程度非常低，不能满足企业的需要。

4）无法进行准确的效益评估。由于许多采取自营物流运营模式的企业内部各职能部门需要彼此独立地完成各自的物流，且没有将物流分离出来进行独立核算，因此企业无法计算出准确的产品的物流成本，无法进行准确的效益评估。

2. 物流外包

将汽车产业链上的物流业务外包，也就是将汽车零部件的采购、运输、整车销售运输、召回、回收等环节外包给第三方，既可以保证自己的核心业务，又可以降低企业的物流成本，提高整条供应链的运作效率。这种模式中的物流服务企业需要从货主企业（买方或卖方企业）的利益与要求出发，代替货主从事物流作业和一定的物流管理工作。物流外包是一种效率和效益都较高的现代物流社会化服务模式。

从字面上来看，物流外包是相对于"第一方"发货人和"第二方"收货人而言的。它超越了传统基础物流一单对一单的服务内容，增加了一些新的特点，如长期性（1年以上的稳定关系）、正规性（通过合同确定合约双方的关系）、密切性（第三方从货主的角度管理物流业务）、服务的增值性（除了运输与仓储业务，还涵盖了相关的管理、分析、设计等增值服务内容）。

（1）物流外包的优点

物流外包越来越受到各类企业的青睐，原因就在于它使企业能够获得比原来更大的竞争优势，这种竞争优势主要体现在以下几个方面：

1）归核优势。一般来说，生产企业的关键业务不会是物流业务，并且物流业务也不是它们的专长，而新兴的第三方物流公司由于从事多项物流项目的运作，可以整合各项物流资源，所以物流的运作成本相对较低，物流作业更加高效，生产企业如果将物流业务交给它们来做，将得到更加专业的物流服务，同时也可以集中精力开展核心业务。

2）业务优势

① 使生产企业获得自己本身不能提供的物流服务。由于客户所从事的行业不同，由此带来的客户服务要求也是千差万别的。例如，汽车生产过程中部分危险化工品对安全、仓储设备的要求。这些要求的差异往往是生产企业内部的物流系统所不能满足的。生产企业可以将这些物流业务转交给第三方物流公司，由它们来提供具有针对性的定制化物流服务。

② 降低物流设施和信息网络滞后对企业的影响。小企业的物流部门缺乏与外部资源的协调，当企业的核心业务迅猛发展时，需要企业的物流系统可以快速运转，但这时企业原来的自营物流系统往往由于硬件设施和信息网络的局限而滞后，而物流外包恰好可以突破这种资源限制的瓶颈。

3）成本优势。物流外包可降低生产企业的运作成本。专业的第三方物流公司利用规模生产的专业优势和成本优势，通过提高各环节资源的利用率实现费用节省，使企业能从分离费用结构中获益。对于生产企业来说，物流成本在整体的生产成本中占据较大的比重。另外，企业使用外协物流作业，可以事先得到物流服务供应商申明的成本或费用，使可变成本转变成不变成本，稳定的成本使得规划和预算手续更为简便，这也是物流外包的积极因素。

4）客服优势

① 物流外包的信息网络优势。第三方物流公司所具有的信息网络优势使它们在提高顾客满意度上具有独特的优势。它们可以利用强大便捷的信息网络来加大订单的处理能力，缩短对客户需求的反应时间，直接进行点对点的配送，实现商品的快速交付，提高顾客的满意度。

② 物流外包的服务优势。第三方物流公司所具有的专业服务可以为顾客提供更多、更周到的服务，加强企业的市场感召力。

（2）物流外包的缺点

不难看出，物流外包确实能给企业带来多方面的利益，但这并不意味着物流外包就是所有企业的最佳选择。它的缺点主要体现在以下方面：

1）生产企业对物流的控制能力降低。由于第三方物流公司的介入，企业自身对物流的控制能力下降，在双方协调出现问题的情况下，可能会出现物流失控的风险，从而使企业的客服水平降低。另外，由于外部服务商的存在，企业内部更容易出现相互推诿的局面，影响效率。

2）客户关系管理的风险

① 企业与客户的关系被削弱。由于生产企业是通过第三方物流公司来完成产品的配送与售后服务的，与客户的直接接触减少，这对建立稳定密切的客户管理非常不利。

② 客户信息泄露的风险。客户信息对企业而言是非常重要的资源，但第三方物流公司并不只是面对一个客户，在为企业竞争对手提供服务的时候，企业的商业机密被泄露的可能性将增大。

3）连带经营风险。物流外包是一种长期的合作关系，如果服务商自身经营不善，则可能影响企业的经营；如果解除合作关系又会产生较高的成本，因为稳定的合作关系是建立在较长时间的磨合期上的。

国内较常见的汽车零部件供应物流模式是供应商自营物流，整车厂商根据生产计划将需求传送至零部件供应商，由零部件供应商进行物流组织。整车厂零部件供应商众多，单个供应商运输量较小，无法合并集货，物流浪费严重。在引入智能化第三方物流后，物流企业在整车厂附近建立物流中心，同时在原材料供应商、零部件供应商和整车厂商之间搭建包含各种零部件品类、数量信息的平台。根据整车厂的生产计划，适时地将各供应商的零部件运送至中间仓库储存，集中调配提供给整车厂。

3. 自营物流与物流外包相结合的混合模式

该模式是指部分业务自己完成，部分业务选择外包。汽车生产企业既可以对一些核心环节采取自营物流模式，提高控制程度，又可以对非核心环节的物流需求实施外包，以降低成本，提高效率和服务质量。

在实践中，企业选择什么样的物流运营模式是由企业所面临的内外环境及发展战略共同决定的，没有能适用于所有情况的万能物流运营模式。在具体的物流运营模式的选择中，最优的原则就是所选择的模式能够适应企业物流环境中的关键性因素，如法律法规、客户需要、社会服务能力、产品物流特性、成本现状及控制能力等。企业内外环境中影响物流运营模式选择的关键因素非常多，如果直接从这些关键因素入手，那整车物流运营模式的选择过程将非常复杂，为此有必要根据这些关键因素设计一种更加科学和简单的选择原则。

考虑到企业管理实践的复杂性和不可预测性，企业整车物流运营模式可以根据近期目标与远期目标相结合、客观指标与主观指标相结合的原则进行选择。

2.4 任务计划

独立查阅信息

教师活动：教师提供汽车生产物流运营模式实际案例。

学生活动：学生独立查阅教师提供的案例，提炼整理案例的思维导图和逻辑关键词。

小组制订工作计划并展示

教师活动：教师要求学生小组合作制订《汽车生产物流管理要素和运营模式分析报告》的工作计划，把思维逻辑表达清晰。

学生活动：学生分小组讨论，小组合作完成分析报告的制定。

2.5 任务决策

实战演习任务决策

教师活动：教师选出一个学生代表（这个学生是以往表达不清晰的）和自己共同完成任务决策，教师暂时担任小组长的角色。

学生活动：被选出的学生代表与教师进行决策对话，让其他学生观察，并进行口头评价、补充、改进。

提交任务决策

学生活动：每个小组制定分析报告，并在任务工作单上表述出来。

教师活动：教师对每个小组的分析报告进行确认。

2.6 任务实施

示范操作

教师活动：教师亲自示范讲解，或者播放相关的微课视频。

学生活动：学生观察教师的示范表达，或者观看微课视频中的内容。

操作实施

教师活动：教师将学生分组，并要求各组学生分工明确。在实施过程中，教师进行巡视、指导。

学生活动：学生分组，分别对相关的研究内容进行调研分析。每组5人，两组间分别汇报调研分析的内容，分别对其进行评价和监督，最终等待教师选派部分小组上台汇报。

2.7 任务检查

教师活动：教师提供任务检查单。教师要求学生分组，小组合作完成任务检查，并在任务检查单上进行标注。教师要求学生小组的成员对工作过程和工作计划进行监督和评估，记录优缺点及改进建议，并口头表述。教师要重点引导学生对小组内其他成员的支持性意见的表达，并训练学生接纳他人的建议。

学生活动：学生分组，小组合作完成任务检查，并在任务检查单上进行标注。学生按照教师的规定对小组内其他成员的工作过程提出改进建议。

2.8 任务评价

教师活动：教师归纳整理理论体系，以一页PPT展示知识点、技能点和素养点。

学生活动：学生认真反思、倾听，构建适合自己学习的知识体系。学生对照学习目标进行自我评价。

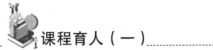

课程育人（一）

近年来，中国的汽车物流产业经历了快速发展的过程，并且仍然进行着日新月异的变革。在互联网造车的影响下，定制化生产的情况越来越多。在未来，可能一条生产线上的每一辆车都是不同的。这种定制化生产对汽车物流体系的要求非常高，物流配套的难度也会增加，这可能是未来十年，中国汽车工业和汽车物流行业要面临的一个挑战。

这就要求汽车企业必须不断提高自身的实力，保持创新意识和拼搏意识，为中国汽车物流业的发展贡献力量。

汽车生产物流管理要素之一是生产计划的编制。生产计划要根据实际情况和预测模式进行科学有效的编制，不可片面进行主观判断。

同样，大学时光是美好的，我们需要提前规划好大学生活如何充实地度过，编制我们自己对美好未来的计划，并有序地实施计划，实时对计划的完成情况进行分析。曾子曰"吾日三省吾身。"我们要时刻反省自己，为成就一个精彩的人生而努力奋斗！

项目 2
汽车制造工厂物流布局

教学准备

教学情境准备

教师活动：由教师指导对整个班级的学生进行分组，并由各小组讨论，选举出组长。教师安排组长负责小组管理，如分配、分解任务，小组团队建设，班内的协调工作等。

学生活动：组长根据对作业指导书及相关资料的学习，通过小组讨论来分解、分配任务，同时组长担任任务完成检查员。

教学目标准备

素养点：
1. 在小组中能够良好地表达自我，并懂得倾听他人
2. 能够阅读相关的教学资料
3. 通过查阅资料能够使用工具
4. 能够形成完善的逻辑思维
5. 能够独立工作
6. 能够参与小组合作
7. 能够与他人进行有效的沟通和交流

知识点：
1. 汽车制造工厂生产线布局
2. 汽车制造物流规划
3. 精益物流规划与管理

技能点：
1. 掌握汽车制造工厂生产线的布局情况
2. 掌握整车仓储与运输、汽车备件物流配送中心规划与库存分布结构
3. 掌握精益生产与精益物流

资料清单

1. 教材和电子课件
2. 任务工作单
3. 汽车制造工厂生产线布局情况案例
4. 汽车制造物流规划情况案例
5. 精益物流规划管理改善方案案例
6. 任务检查单
7. 评价表

任务 1　认识汽车制造工厂生产线布局

1.1　任务描述

微课视频
汽车制造工厂布局管理

全员分组讨论

学生活动：学生分组，10人一组。每组展开讨论，讨论主题：对汽车制造工厂生产线布局的认识。选派组长进行发言。

教师活动：教师观察学生的讨论过程，观察各组学生的表现。

全员换位评价

学生对其他小组分析说明的内容进行评价，说出其他小组所述内容的优缺点。

提交评价表

教师活动：教师要求学生根据自己对任务的讨论完成情况进行评价，并提出改进意见。

学生活动：学生在任务工作单上进行自评和互评。

1.2 任务分析

教师活动：教师提供任务工作单，通过对汽车制造工厂生产线布局的讨论，让学生了解汽车制造工厂生产线布局。

学生活动：根据教师提供的资料和教材内容进行查阅，熟悉汽车制造工厂生产线的布局情况。

1.3 理论学习

工厂布置是指在工厂范围内，确定各生产手段的位置，实现各生产手段之间的衔接以及确定以何种方式实现这些生产手段。具体来讲，就是机械装备、仓库、厂房等生产手段和实现生产手段的建筑设施的位置确定。工厂布置是企业生产物流的前提条件，也是企业生产物流活动的一个环节。在确定工厂布置时，单独考虑工艺流程是不够的，必须要考虑整个物流过程。汽车四大工艺车间以"人"字形或"L"形布局较为常见。接下来将介绍汽车制造工厂生产线布局。

1.3.1 冲压生产线布局

车身零件冲压生产的机械化和自动化，是衡量汽车车身制造技术水平的重要标志之一，冲压生产的机械化和自动化表现在以下几个方面：

1）坯料准备，使用卷料、带料，实现卷料的开卷、校平和钢板的剪切、落料自动化。
2）大型冲压件冲压，建造不同形式的冲压自动生产线和机械化冲压生产线。
3）小型冲压件，大量采用连续或自动化冲模，采用高速压力机实现冲压生产的高速化。
4）形状规则的零件，采用多工位自动压力机。
5）废料排出，采用废料处理的自动化系统。

冲压生产的全自动化是在单机自动化的基础上，配置工序间零件输送装置、翻转装置、废料排出装置统一协调各单机和各种装置的动作，使工件按预定的程序自动地逐步进入各种冲压工位，全部冲压成形后被送出。冲压生产全自动化的基础是压力机的单机自动化。

汽车车身生产都是大批量生产，为提高生产率、稳定质量，一般采用自动化冲压生产线方式生产。冲压生产线的设备一般按工艺流程配置，通常以双动压力机为主，由四五台单动宽台面压力机组成。其排列方式多采用贯通式纵向排列，也有采用横向排列的，如图2-1所示。

图 2-1　冲压生产线的设备

每个工位使用一台独立的压力机,利用各压力机之间的传送系统,使冲压件从一台压力机传送到另一台压力机。废料排出采用废料处理的自动化系统。压力机冲压后产生的废料采用斜槽自动滑入地下输送带,由输送系统送至车间外出口,由专用运输车接住废料后运走。

多工位压力机(见图2-2)是先进的压力机设备,它相当于多台压力机及拆垛送料系统的集成,即一台多工位压力机相当于一条自动化压力机生产线,一般由线首单元、送料机构、压力机和线尾部分组成。多工位压力机的最快节拍可达25次/min以上,可满足高速自动化生产需要。

图2-2 多工位压力机

多工位压力机一般分为多滑块和单滑块,可根据不同需求进行选择。线首单元可分为拆垛单元、磁性输送带及清洗和涂油设备等;送料机构一般由送料双臂组成;线尾部分一般由输送带构成。国际上制造多工位压力机的著名厂家有瑞士的Gudel、德国的舒勒、日本的小松、西班牙的法格等。

1.3.2 焊装生产线布局

在汽车车身的装配焊接生产过程中,为了保证产品质量、提高劳动生产率和减轻劳动强度,经常使用一些用以夹持并确定工件位置的工具和装置来完成焊接和装配工作。我们把这些工具和装置统称为焊装夹具。

1. 车身焊装的特点

(1)结构形状复杂,构图困难

汽车车身都是由薄板冲压件焊装而成的空间壳体,壳体具有一定的刚性,组成车身的零件通常是经过拉延成形的空间曲面体,结构形状较为复杂。

(2)刚性差,易变形

经过成形的薄板冲压件有一定的刚性,但和机械加工件相比,刚性要差得多,而且单个的大型冲压件容易变形,只有焊接成车身壳体后,才具有较大的刚性。

(3)以空间三维坐标来标注尺寸

汽车车身产品图以空间三维坐标来标注尺寸。为了表示覆盖件在汽车上的位置和便于标注尺寸,汽车车身一般每隔200mm或400mm画一条坐标网线。三个坐标的基准是:前后方向(Y向)——以汽车前轮中心为0,往前为负值,往后为正值;上下方向(Z向)——以纵梁上平面为 0，往上为正值，往下为负值；左右方向（X 向）——以汽车对称中心为 0，左右为正负。

可见要完成车身焊装的任务，比较困难，一般先将车身零件安装在必要的焊装夹具内，如图 2-3 所示，然后用各种焊接方法焊成整体。这种情况下夹具的设计与选择是至关重要的。

2. 车身焊装夹具设计的基础条件

车身焊装夹具有 3 个装配基准：底板、左侧围和右侧围，在它们的平面上都有基准槽和坐标线，定位夹紧组合单元按各自的基准槽进行装配、检测，最后将 3 大部分组合起来，成为一套完整的夹具。

3. 车身焊装夹具的装配精度

装配精度包括两方面的内容：外观精度与骨架精度。外观精度是指车门装配后的间隙面差。骨架精度是指三维坐标值。货车车身的装配精度一般控制在 2mm 内，轿车控制在 1mm 内。焊装夹具的设计既要保证工序件之间的焊

图 2-3　车身焊装零件安装在夹具上

装要求，又要保证总体的焊接精度，通过调整工序之间的匹配状态来满足整体的装配要求。

车身焊装的装夹采用 6 点定位原则。6 点定位原则是指限制 6 个方向运动的自由度，在设计车身焊装夹具时，通常有两种误解：一是认为 6 点定位原则对薄板焊装夹具不适用；二是看到薄板焊装夹具上有超定位现象。产生这两种误解的原因是把限制 6 个方向运动的自由度理解为限制 6 个方向的自由度，焊装夹具设计的宗旨是限制 6 个方向运动的自由度，这种限制不仅依靠夹具的定位夹紧装置，而且依靠制件之间的相互制约关系。只有正确认识薄板冲压件焊装生产的特点并正确理解 6 点定位原则，才能正确应用 6 点定位原则。

4. 车身焊装夹具的结构和要求

图 2-4 所示为车身焊装夹具。汽车焊装夹具通常由夹具地板、定位装置、夹紧机构、辅助机构及测量机构五大部分组成。

图 2-4　车身焊装夹具

(1)夹具地板

夹具地板是焊装夹具的基础元件,它的精度直接影响定位机构的准确性,因此对工作平面的平面度和表面粗糙度均有严格的要求。

(2)定位装置

定位装置中的零部件通常有固定销、插销、挡铁、V形块,以及根据焊件实际形状确定的定位块等。

(3)夹紧机构

车身冲压件装配后,多使用电阻焊。电阻焊是一种高效焊接工艺,通常在两个工件间进行,夹紧点一般都比较多,为减少装卸工人的辅助时间,夹紧应采用高效快速装置和多点联动机构。对于薄板冲压件,夹紧力作用点应作用在支承点上,只有对刚性很好的工件才允许作用在几个支承点所组成的平面内,以免夹紧力使工件弯曲或脱离定位基准。

(4)辅助机构

辅助机构一般包括旋转机构、翻转机构等。其作用主要是减少焊机的数量,节约生产成本,同时降低工人的劳动强度。

(5)测量机构

利用夹具本体自身设计测量机构是提高夹具设计和制造精度的重要措施。实践证明,利用夹具自身设计测量机构与三坐标测量仪配合使用,可大大提高焊装夹具的精度。

1.3.3 涂装生产线布局

涂装生产线一般主要由前处理电泳线、密封底涂线、中涂线、面涂线、精修线及其烘干系统组成。涂装车间的内部布置,分为防尘区、清洁区、高温区三个工作区域。防尘区主要布置预处理线、电泳线和车身密封线,清洁区主要布置中涂、喷面漆生产线,高温区主要布置烘房。图2-5所示为汽车涂装生产线示意图。

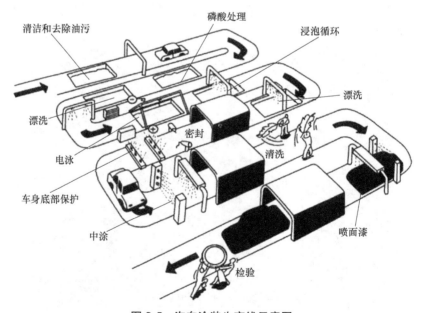

图2-5 汽车涂装生产线示意图

涂装生产线辅助设备有输送车身的四条空中输送链、地面输送链及输送滚道，一般还设有二氧化碳自动灭火装置、两个中央通风系统、预处理及面漆送风加热系统、电泳槽液冷冻装置、阴极电泳专用的备用供电系统及备用发电系统。机械化控制采用PLC（可编程逻辑控制器），根据生产工艺的实际要求编程控制，实现现场总线中心监控，分区自动转接运行。图2-6所示为喷面漆线。

图2-6　喷面漆线

1.3.4　装配生产线布局

汽车装配生产线，一般是指由输送设备（空中悬挂输送设备和地面输送设备）和专用设备（如举升设备、翻转设备、加注设备、助力机械手、检测设备、螺栓螺母的紧固设备等）构成的有机整体。装配生产线的布置取决于厂址条件、生产能力、部件供应方式、车辆构造等因素。

装配生产线配备有AGV（自动导引车）、各种助力机械设备、各种加注设备等先进工业设备。装配生产线具备较强的柔性化生产能力，能适应多种车型的混线生产。某汽车制造厂轿车装配生产线包括：

1）车体储运输送线。车体的储运和输送采用滑橇式输送机和积放式双链输送机，工件的转向采用旋转滚床，横移采用电动移行机或者链式移行机，车体从平台转至内饰线采用滚床升降机。

2）空滑橇返回线。在内饰装配线尾部，车身被转挂至底盘线吊具上，空橇体经移行后由滚床升降机升至空中平台，由双链输送机等设备输送至涂装车间或者在线上进行储存。

3）内饰装配线。内饰装配线用于完成车身的内饰装配，共设置43个工位，分为A生产线、B生产线；A、B生产线之间的转接通过顶升旋转滚床、链式移行机、顶升滚床完成；内饰A、B生产线采用板链结构，承载车身的滑橇通过板链进行输送，板链中部设有维修地坑。其中，1个工位配备车门助力机械手用于拆卸车门；1个工位配备仪表板助力机械手用于仪表板总装；1个工位配备玻璃挤胶机用于前后风窗玻璃的挤胶。

4）底盘装配线。底盘装配线用于完成车身底盘装配，设置20个工位，共同完成发动机、后桥、后保险杠、前保险杠和车轮等，以1~4.5m/min的速度连续运行装配。输送设备采用五轨制积放式悬挂输送机，吊具在上下坡时呈水平状态。在装配段设扶正轨，以减少车身晃动。吊具采用L形结构，平面定位，能左右开合，可以最大限度地提供操作空间。图2-7所示为底盘装配线。

图 2-7 底盘装配线

积放输送机底盘装配输送系统设置两套动力系统：一套为慢速，与内饰生产线同步，连续运行，完成20个工位的操作；另一套为快速，将卸完件的空吊具快速送回内饰装配线上件处，连续运行，最快速度为15m/min。其中，2个工位与AGV配合用于发动机和后桥总装；1个工位配备轮胎螺母拧紧机，用于轮胎螺母的拧紧。

5）最终装配线。最终装配线用于汽车的最终装配，采用加宽板链，设置20个有效工位，安装座椅、蓄电池，加注制动液、制冷剂、冷却液、汽油等。

6）车门分装及输送线。车门分装及输送线采用积放链，上下车门均以悬链上下坡形式完成；一条为工艺分装线，另外两条为储存及快速输送链；工艺段设置平衡轨，以保证车门在装配时不发生倾斜及晃动，如图2-8所示。

7）仪表板分装及输送线。仪表板分装及输送线用于仪表板分装和输送，仪表板主体上线，进行线束总成、扬声器、收放机、继电器、安全气囊和饰板的装配。仪表板分装及输送线采用积放链，一条为工艺分装线，另一条为快速输送链；工艺段设置平衡轨，以保证仪表板在装配时不发生倾斜及晃动。图2-9所示为仪表板分装及输送线。

图 2-8 车门分装及输送线

8）发动机分装线。发动机分装线用于发动机总成的分装。发动机被吊装上分装线进行分装，分装后利用AGV，随底盘装配线同步运行进行装配，装配完后空托盘随AGV返回至分装线首端。分装线采用单层机动辊道形式，与AGV形成封闭结构。图2-10所示为一条发动机分装线的情况。

图 2-9　仪表板分装及输送线　　　　　　图 2-10　发动机分装线

9）后桥分装线。后桥分装线用于后桥总成的分装。后桥被吊装上分装线进行分装，分装后吊上 AGV，随底盘装配积放输送机同步运行进行装配。后桥分装线采用双层动力辊道（带工装板、接油盘）；生产线体垂直封闭，两端设气动升降机供工装板返回；在两个工位间可积放一个托盘作为缓冲。

10）发动机、后桥总成线。具有动态跟踪功能的 AGV 系统由一条环线组成，即发动机、后桥总成线，根据产量确定环线上的 AGV 数量。一个环线由若干 AGV、控制台、充电器和地面导航系统组成，控制台用于调度该环线上的 AGV 运行及与总装控制室通信。

11）淋雨及烘干线。淋雨及烘干线用于整车的密封性试验，由板式输送链、喷淋系统、吹干系统、淋雨房、循环水沉淀池及循环水池、沥水区等部分组成。其中，板式输送链采用单链传动，链板、链节采用不锈钢制作，滚轮采用尼龙加滑动轴承；淋雨房采用不锈钢板制成。图 2-11 所示为汽车淋雨及烘干线。

图 2-11　汽车淋雨及烘干线

12）所有线体间转接机构及吊装系统。总装车间中通常会有多条车身传送线，用于将车身从一个工位传送到另一个工位。这些传送线通常配备转接机构，用于实现车身在不同工位之间的转移和连接。总装车间中需要进行车身的吊装和定位，因此会配备吊装系统，包括吊装起重机、悬挂装置、吊钩等设备，用于将车身从传送线上吊起，并进行定位、安装等操作。总装车间中的装配线通常需要进行不同零部件或模块的转接和连接，因此会配备转接机构，包括转盘、传送带、滑道等，用于实现零部件的转移和连接。

1.4 任务计划

情景导入

教师活动：教师提供多个汽车制造工厂生产线布局情况案例并进行初步解析。

学生活动：学生独立阅读和研究教师提供的案例资料。

小组输出方案设计框架

教师活动：教师要求学生小组合作完成汽车制造工厂生产线布局方案。

学生活动：学生分小组讨论，小组合作完成汽车制造工厂生产线布局方案的框架，框架包括具体的车间名称、功能及布置图等。

1.5 任务决策

教师活动：教师指导学生小组对汽车制造工厂生产线布局方案的撰写工作进行分工，确定小组成员的角色及工作任务。

学生活动：小组成员在组长的带领下分工完成方案撰写。

1.6 任务实施

教师活动：在小组分工协作时，教师进行巡视、指导。

学生活动：学生分小组完成汽车制造工厂生产线布局方案的撰写，两组间分别开展方案的说明表达，分别对其进行评价和监督，最终等待教师选派部分小组上台汇报。

1.7 任务检查

教师活动：教师提供任务检查单。教师要求学生分组，小组合作完成任务检查，并在任务检查单上进行标注。教师要求学生小组的成员对工作过程和工作计划进行监督和评估，记录其优缺点及改进建议，并口头表述。教师要重点引导学生对小组内其他成员的支持性意见的表达，并训练学生接纳他人的建议。

学生活动：学生分组，小组合作完成任务检查，并在任务检查单上进行标注。学生按照教师的规定对小组内其他成员的工作过程提出改进建议。

1.8 任务评价

教师活动：教师归纳整理理论体系，以一页PPT展示知识点、技能点和素养点。

学生活动：学生认真反思、倾听，构建适合自己学习的知识体系。学生对照学习目标进行自我评价。

任务 2　认识汽车制造物流规划

2.1　任务描述

全员分组讨论

学生活动：学生分组，10 人一组。每组展开讨论，讨论主题：对汽车制造物流规划的认识。选派组长进行发言。

教师活动：教师观察学生的讨论过程，观察各组学生的表现。

全员换位评价

学生对其他小组分析说明的内容进行评价，说出其他小组所述内容的优缺点。

提交评价表

教师活动：教师要求学生根据自己对任务的讨论完成情况进行评价，并提出改进意见。

学生活动：学生在任务工作单上进行自评和互评。

2.2　任务分析

教师活动：教师提供任务工作单，通过对汽车制造物流规划的讨论，指导学生完成对汽车制造物流规划的了解。

学生活动：根据教师提供的资料和教材内容进行查阅，熟悉汽车制造物流规划。

2.3　理论学习

2.3.1　整车仓储与运输

汽车行业的整车物流由于客户服务要求高、周转速度快、流程复杂，以及整车管理本身要求车的各种数据完整、及时和准确，因而包含了极其复杂和灵活的管理内容。

在实际的汽车整车物流管理中，主要面临的问题是销售计划与生产计划的协调问题、经销商库存管理问题、在途库存管理问题、平面仓储的自动化管理问题和运输管理问题等。

众所周知，以客户为中心是企业的基本管理思想。市场和销售决定了生产产品的品种、质量、数量，也影响和驱动产品物流流向、流量、流速。汽车企业目前都面临着市场的巨大考验，如何满足客户的需求，最终在管理中就体现在销售计划、生产计划以及物流的管理协调和控制上，企业管理水平的高低也主要体现在这几个方面。

作为汽车生产企业资产的大量成品车是通过代销的方式存放在经销商以及各地营销中心的，对这部分没有形成回款的资产，管理要求也非常高。在途车辆的库存管理也存在严重的问题，由于在途车辆确认不及时，往往造成盘点有相当大的差异。

在整车的运输管理中，有的汽车企业是建立自己的运输部门来处理全国的运输业务，运输费用自行结算；有的汽车企业是通过承运商来完成运输业务的。

汽车平面仓储的库存管理是每个汽车企业都面临的非常复杂的管理问题，其管理水平的高低在很大程度上影响物流的效率。汽车平面仓储的库存管理在手工管理的条件下会产生极大的问题，其主要表现为库内倒车频繁、认错车辆、车辆的存取严重依赖个别记忆力好和经验丰富的管理人员。

汽车平面仓储的库存管理包含以下几个方面的要求和问题：

1）利用信息系统来规划和指定车辆停放和提取的位置。

2）在入库和出库过程中通过扫描来记录库存的变化情况，建议存取的位置。

3）在业务量不断增加的情况下，对入车和出车的速度要求也越来越高。

4）每一辆车都有自己的底盘发动机号和VIN（车辆识别代码），并一一对应，库存要精确到底盘发动机号。

5）整车按其所属车型系列的不同在平面仓库中分为若干大区，每个大区只存放一种系列的车型，允许某个大区可以存放多种系列的车型，在特定系列大区的平面库存空间不够的情况下可以到这个大区存放。

6）每个库区有几十个库位，每个库位的长度不一定完全相同，不同库区的库位长度也不相同。

7）同一库位只能放同一种车型，并且车的颜色要完全相同，并按入库先后顺序排列，而一个车型系列可能包含几十个到上百个不同型号的车型，人工规划的难度很大。

8）车型系列的不同或者车型的不同，导致车辆的长度也不同，而库区中的库位长度也不相同，并且由于库位的库存空间剩余情况会随着车辆入库和出库动态改变，因而对于特定的库位存放特定的车辆的数量是不好计划的，需要通过系统来完成。

9）汽车平面仓库的面积非常大，空间利用的程度对管理费用的影响很大，因而要求充分利用库区空间。

10）整车出库按照先进先出的原则出库，但由于其受人工管理的限制，信息不够准确及时，以及受到各种相关业务的影响，往往无法按顺序出车，要大量倒车才能将指定的车开出。

2.3.2 汽车备件物流配送中心规划与库存分布结构

在汽车备件物流中，配送中心占有非常重要的地位。汽车备件配送中心是为满足一定区域范围内汽车备件的需求而设立的中心仓库，通过保持配送中心的一定水平的库存，可以实现其所服务的地区的汽车备件需求的配送，也可以实现从汽车配件供应商到消费者所在地的规模运输。在我国的汽车备件物流体系中，汽车备件配送中心就是面向所服务的各个经销商维修站，提供统一而集中的配送，其具有一定的库存水平，可应对紧急需求。汽车备件配送中心能够为消费者提供及时的备件配送服务，能够更好地树立汽车企业的品牌形象，提高汽车品牌的市场占有率，从而提高企业销售额和利润。

在为物流配送中心选址时，由于物流配送中心所服务的对象不同，往往需要考虑的重点方面是不同的。本文提及的物流配送中心所服务的对象是汽车备件，与其他对象相比具有不同的特点。因此在具体选址之前，有必要明确与汽车备件物流配送中心选址相关的基本问题。

1. 汽车备件物流配送中心选址规划

（1）汽车备件物流配送中心选址的影响因素

影响选址的因素有很多，通过对以往研究成果的总结，得出汽车备件物流配送中心（物流节点）选址主要考虑以下因素：

1）自然环境因素。汽车备件物流配送中心在选址时，要重点考虑地质、气象、水文、地形等自然条件，以保证备件物流运作的良好环境。

2）经营环境因素。汽车备件物流配送中心在选址时，必须考虑经营环境、成本费用以及服务的相应水平。

3）基础设施情况。汽车备件物流配送中心在选址时，必须考虑交通、公共设施、环保要求以及周边状况等。

（2）汽车备件物流配送中心选址的基本原则

汽车备件物流配送中心的选址应遵守适应性原则、经济性原则、协调性原则和战略性原则。

1）适应性原则。汽车备件物流配送中心的选址要与国家、地方的经济政策和社会发展相适应，还要与我国的物流资源、需求分布相适应。

2）经济性原则。汽车备件物流配送中心选址的相关费用主要包括建设、物流费用，物流中心的选址应以总费用最少为原则。

3）协调性原则。汽车备件物流配送中心的选址要把物流网络看成一个整体的系统，应使物流中心的各种设施、设备，在地域分布、技术水平、物流作业生产力等方面保持协调。

4）战略性原则。汽车备件物流配送中心的选址要从长远出发全面考虑，要让局部服从全局，既要考虑到目前的实际需要，又要兼顾未来的发展。

（3）汽车备件物流配送中心选址的基本流程

汽车备件物流配送中心选址的基本流程一般可按以下步骤进行。

1）选址规划约束条件分析。汽车备件物流配送中心在选址前要分析汽车备件物流的现状，明确建立配送中心的必要性和意义；根据汽车备件物流的现状及特点，确定需要了解的基本条件。

2）收集整理资料。汽车备件物流配送中心在选址时，应收集、整理相关资料，确定配送中心服务对象的需求条件及选址原则。

3）确定初始备选地址。汽车备件物流配送中心在选址时，应对收集的相关资料进行分析，综合考虑各种因素来进行评估，确定初始备选地址。

4）优化备选地址。汽车备件物流配送中心在确定备选地址后，可以建立相应的数学模型来进行定性、定量分析，从而得到更优的地址。

5）结果评价。根据汽车备件物流的实际要求，汽车备件物流配送中心对选址结果进行综合评价，看其是否具有现实可行性。

6）确定选址方案。根据综合评价结果进行排序，汽车备件物流配送中心得出最优的选址方案。

2. 汽车备件的库存分布结构

汽车备件的库存分布结构涉及备件的库存分级以及哪类备件应该存放在哪级等问题，它与备件的物流网络布局是紧密相关的。目前，由于经营理念、管理水平、技术力量等各方面因素的不同，备件物流管理模式也不尽相同，备件的库存分布结构也随之不同。据调查，根据物流中心的设立方法，当前汽车备件的库存分布结构大致可以分为以下几种：

（1）中心式

这种结构是指在企业总部或主要销售城市所在地设立一个大的物流中心，储备所有需用备件。各地供应商（维修站）发生备件需求时，可通过各种方式（电话、传真、互联网等）向企业总部下订单，企业总部将备件发至各地供应商处。

（2）分库式

采用这种结构的厂商在全国设立几个备件物流中心（分拨中心），储备各自辐射区域内所需的备件。当各供应商发生备件需求时，向各备件物流中心下订单，备件物流中心将备件发至供应商处。

（3）中心-分库式

这种结构是前两种结构的结合，即总部物流中心作为信息中心进行订单的接收和处理，各地分库按照总部指令发出和接收备件，同时各地分库的库存量均由总部控制。

（4）渠道式

渠道式是指根据服务供应商的渠道设置来进行物流系统设计，类似于销售模式中的厂商→总代理→分销商的渠道传递，在每一级别中均进行一定量的备件储备，并根据实际情况随时调整。这种结构与前三种结构的不同之处在于备件储存在服务供应商处，而不是厂商处，服务供应商可以灵活使用，解决一定的日常备件需求。

（5）中心-分库-渠道式

这种结构是第三种结构和第四种结构的结合，即在中心、分库和供应商处均储存备件。

从上述五种汽车备件的库存分布结构可以看出：

第一种结构在物流中心的有效半径内，响应速度较快、服务质量较好，但对于其他超出有效半径的区域，服务速度较慢。这种结构适用于产品销售区域小的地方性企业，而不适用于产品销售区域大的大中型企业，否则，容易导致顾客满意度下降，从而无法达到企业培养顾客忠诚度的目的。但对于汽车生产企业来说，这种结构成本低、管理简单。

第二种结构比第一种结构在服务区域方面得到扩大，顾客可以得到较快速的服务，顾客的满意度比较容易得到提高，有利于企业培养顾客忠诚度，但对汽车生产企业来说，建立多个分库成本较高，备件库存占用资金增加，分库之间相对独立，管理和协调难度大大增加。

第三种结构则是在第二种结构的基础上进行改进的，其目的是在保留服务及时的优点的同时，通过物流中心的统一管理，来解决分库之间的管理和协调问题，从而降低备件物流管理成本。这种结构的先决条件是必须有一个强大的基于网络的信息管理系统，以便物流中心对分库进行实时管理，从而达到降低备件库存成本的目的。

第四种结构主要适用于用户数量多、分布广，用户对产品的服务及时性要求较高，采用分库式已不能满足用户的需求，或者汽车生产企业建立数量众多的分库导致投资和运营成本过高的情况。但这种结构的缺点是，由于供应商和分销商手中均有备件，备件物流的管理难度加大；若控制不好，有可能造成备件管理成本的增加。另外，总代理和分销商的服务水平将对汽车生产企业培养顾客忠诚度产生较大的影响。

第五种结构通过设立一定数量的分库来降低备件物流管理的难度，加强备件物流的管理，从而降低了备件物流的管理成本，并且可以在一定程度上减轻分销商服务水平对汽车生产企业培养顾客忠诚度的影响。

3. 国内外汽车备件市场分布结构

随着我国国内新车销售市场的繁荣，汽车备件市场的规模和形态也得到了快速发展。但从整体来看，我国传统的汽车备件市场还存在着许多问题和不确定因素。从我国传统的汽车备件市场分布结构来看，其表现出缺乏规模、地点分散、层次多、不易管理等问题，如图2-12所示。

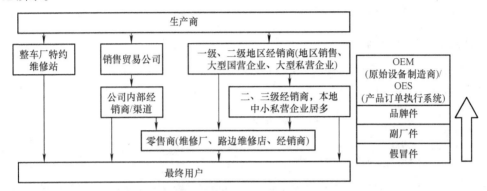

图2-12 我国国内传统的汽车备件市场分布结构

资料来源：波士顿咨询公司。

在国外（以欧洲为例），汽车备件市场分布结构相对有序得多，如图2-13所示。其汽车备件的供应以生产厂家为中心，供应网络通常由两层组成，即批发商第一层和批发商第二层，最后才是零售网点。由于这种多层次的分销环节会导致低效率和高成本，所以现在也开始出现了一些少环节、多直销的方式。

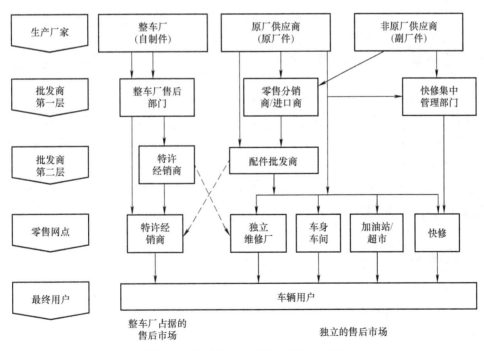

图2-13 欧洲的汽车备件市场分布结构

2.4 任务计划

情景导入

  教师活动：教师提供多个汽车制造物流规划情况的案例并进行初步解析。
  学生活动：学生独立阅读和研究教师提供的案例资料。

小组输出方案设计框架

  教师活动：教师要求学生小组合作完成汽车装配车间物流布局方案设计。
  学生活动：学生分小组讨论，小组合作完成汽车装配车间物流布局方案设计的框架，框架包括具体物流的运作模式、物流规划设计图等。

2.5 任务决策

  教师活动：教师指导学习小组对汽车装配车间物流布局方案设计的撰写工作进行分工，确定小组成员的角色及工作任务。
  学生活动：小组成员在组长的带领下分工完成方案设计的撰写。

2.6 任务实施

  教师活动：在小组分工协作时，教师进行巡视、指导。
  学生活动：学生分小组完成汽车装配车间物流布局方案设计的撰写，两组间分别对方案设计进行说明表达，分别对其进行评价和监督，最终等待教师选派部分小组上台汇报。

2.7 任务检查

  教师活动：教师提供任务检查单。教师要求学生分组，小组合作完成任务检查，并在任务检查单上进行标注。教师要求学生小组的成员对工作过程和工作计划进行监督和评估，记录优缺点及改进建议，并口头表述。教师要重点引导学生对小组内其他成员的支持性意见的表达，并训练学生接纳他人的建议。
  学生活动：学生分组，小组合作完成任务检查，并在任务检查单上进行标注。学生按照教师的规定对小组内其他成员的工作过程提出改进建议。

2.8 任务评价

  教师活动：教师归纳整理理论体系，以一页PPT展示知识点、技能点和素养点。
  学生活动：学生认真反思、倾听，构建适合自己学习的知识体系。学生对照学习目标进行自我评价。

任务 3　认识精益物流规划与管理

3.1　任务描述

微课视频
精益生产物流
规划与管理

全员分组讨论

学生活动：学生分组，10 人一组。每组展开讨论，讨论主题：对精益物流规划与管理的认识。选派组长进行发言。

教师活动：教师观察学生的讨论过程，观察各组学生的表现。

全员换位评价

学生对其他小组分析说明的内容进行评价，说出其他小组所述内容的优缺点。

提交评价表

教师活动：教师要求学生根据自己对任务的讨论完成情况进行评价并提出改进意见。

学生活动：学生在任务工作单上进行自评和互评。

3.2　任务分析

教师活动：教师提供任务工作单，通过对精益物流规划与管理的讨论，指导学生完成对精益物流规划与管理的认知。

学生活动：根据教师提供的资料和教材内容进行查阅和讨论，并制定车间现场精益物流规划管理改善方案。

3.3　理论学习

现场物料配送是汽车制造企业厂内物流最重要的环节，不同的配件应选择不同的配送方式；提高配送效率，一方面可以缓解配送工人的工作强度，另一方面可有效防止生产线停产，给企业造成损失。当生产节拍提高时，现场的物料配送效率显得尤为重要。

3.3.1　精益生产

精益生产是指通过系统结构、人员组织、运行方式和市场供求等方面的变革，生产系统能够快速适应用户需求的不断变化，生产过程中一切无用多余的东西可以被精简，最终达到包括市场供销在内的生产各方面最好的结果。

设施规划的最终目的是提供一个生产浪费最少的环境，那么有必要先来了解一下生产中存在的七种浪费。

第一种，等待的浪费，其主要表现为：作业不平衡、安排作业不当、停工待料、品质不良等。

第二种，搬运的浪费，其主要表现为：物料、零部件或成品的运输过程中产生的浪费。这可能包括运输距离过长、运输路径不合理、运输工具不适合等问题导致时间和资源的浪费。

第三种，不良品的浪费，其主要表现为：工序生产无标准确认或有标准确认未对照标准作业等。

第四种，动作的浪费，其主要表现为：生产场地不规划、生产模式设计不周全、生产动作不规范统一。

第五种，加工的浪费，其主要表现为：加工过程频繁中断，例如，由于物料缺失、工具不足、工序不明确等造成生产流程中断，增加了生产成本和延长了生产周期；由于在加工过程中产生大量不良品，需要进行返工或废弃，增加了生产成本和延长了生产周期。

第六种，库存的浪费，其主要表现为：管理者为了自身的工作方便或本区域的生产量化控制，一次性批量下单生产，而不结合主生产计划需求流线化生产，导致局部的大批量库存。

局部大批量库存的损害表现为：

1）产生不必要的搬运、堆积、放置、防护处理、找寻等浪费。
2）使先进先出的作业产生困难。
3）损失利息及管理费用。
4）物品的价值会减低，变成呆滞品。
5）占用厂房空间，造成多余的工厂、仓库建设投资的浪费。
6）没有管理的紧张感，阻碍改进。
7）设备能力及人员需求的误判。

第七种，制造过多（早）的浪费，其主要表现为：管理者认为制造过多与过早能够提高效率或减少产能的损失和平衡车间生产力。制造过多（早）的损害表现有以下几点：

1）提早用掉费用（材料费、人工费），不能创造利润。
2）把"等待的浪费"隐藏起来，使管理人员漠视等待的发生和存在。
3）自然而然地积压在制品，其结果不但会使制程的时间变长（无形的），而且会使现场工作的空间变大，机器间的距离因此加大，逐渐地吞噬利润。
4）产生搬运、堆积的浪费，使先进先出的作业产生困难。

3.3.2 精益物流

1. 供应物流

供应物流是指企业在提供原材料、零部件或其他物品时，物品在提供者与需求者之间的实体流动。它是生产物流系统中独立性相对较强的子系统，与生产部门、财务部门等生产企业各部门以及企业外部的资源市场、运输部门有密切的联系，对企业生产的正常、高效率地进行发挥着保障作用。企业的供应物流不仅要实现保证供应的目标，而且要在低成本、少消耗、高可靠性的限制条件下来组织供应物流活动，因此难度很大。

（1）工作组成

1）采购。采购工作是供应物流与社会物流的衔接点，是依据生产企业生产-供应-采购计划来进行原材料外购的作业层，其包括市场资源、供货厂家、市场变化等信息的采集和反馈。

2）仓储、库存管理。仓储管理工作是供应物流的转换点，其包括生产资料的接货和发货，以及物料保管工作；库存管理工作是供应物流的重要组成部分，其包括依据企业生产计划制订供应和采购计划，并制订库存控制策略及完成计划的执行与反馈修改。

3）装卸、搬运。装卸、搬运工作是原材料接货、发货、堆码时进行的操作。虽然装卸、搬运是随着运输和保管而产生的作业，但却是衔接供应物流中其他活动的重要组成部分。

4）生产资料供应。生产资料供应工作是供应物流与生产物流的衔接点，是依据供应计划和消耗定额进行生产资料供给的作业层，其包括对原材料的消耗进行控制。

（2）组织方式

供应物流过程因不同企业、不同供应环节和不同的供应链而有所区别，从而使企业的供应物流出现了许多不同种类。企业的供应物流有以下四种基本组织方式：

1）委托社会销售企业代理供应物流方式。

2）委托第三方物流企业代理供应物流方式。

3）企业自供物流方式。

4）随供应链理论发展起来的供应链供应方式。

（3）基本流程

尽管不同的方式在某些环节具有非常复杂的特点，但供应物流的基本流程是相同的，主要有三个环节：取得资源，它是完成之后所有供应活动的前提条件；组织到厂物流，它是企业外部的物流过程；组织厂内物流，它是从厂外继续到达车间或生产线的物流过程。

1）取得资源。取得资源是完成之后所有供应活动的前提条件。取得什么样的资源，要由核心生产过程决定，同时也要按照供应物流可以承受的技术条件和成本条件辅助这一决策。

2）组织到厂物流。所取得的资源必须经过物流才能到达企业。该环节属于企业外部的物流过程。在物流过程中，往往要反复经历装卸、搬运、储存、运输等物流活动才能使取得的资源到达企业的门口。

3）组织厂内物流。在传统的企业供应物流中，企业通常以仓库作为调节企业内外物流的一个关键节点。当外部物流到达企业的"门"时，仓库成为划分企业内外物流的界限。从仓库开始继续到达车间或生产线的物流过程被称为供应物流的企业内物流。

传统的企业供应物流，都是以企业仓库作为调节企业内外物流的一个结点。因此，企业的供应仓库在工业化时代是一个非常重要的设施。

（4）服务方式

供应物流领域新的服务方式主要有以下三种：

1）准时供应方式。采用准时供应方式，可以派生出零库存方式、即时供应方式、到线供应方式等多种新的服务方式。在买方市场环境下，供应物流活动的主导者是买方。购买者（用户）有极强的主动性，用户企业可以按照最理想的方式选择供应物流；而供应物流的承担者，作为提供服务的一方，必须以最优的服务才能够被用户接受。从用户企业的角度来看，准时供应方式是一种比较理想的方式。

准时供应方式是指按照用户的要求，在计划的时间内或者在用户随时提出的时间内，实现用户所要求的供应。准时供应方式大多采用双方事先约定供应的时间，并互相确认时间计划，因而有利于双方做好供应物流和接货的组织准备工作。

2）即时供应方式。即时供应方式是准时供应方式的一个特例，是指完全不依靠计划时间而按照用户偶尔提出的时间要求进行准时供应的方式。这种方式一般作为应急的方式采用。

在网络经济时代，由于电子商务的广泛应用，在电子商务运行中，消费者所提出的服务要求大多缺乏计划性，且有严格的时间要求，所以，在新的经济环境下，这种供应方式有被广泛采用的趋势。

需要说明的是，这种供应方式由于很难实现计划和共同配送，一般成本较高。

3）看板方式。看板方式是一种简单有效的方式，也称为"传票卡制度"或"卡片制度"，是日本丰田公司首先采用的。它是指在企业的各工序之间、企业之间、生产企业与供应者之间，采用固定格式的卡片作为凭证，由下一环节根据自己的节奏，逆生产流程方向，向上一环节指定供应，从而协调关系，做到准时同步。采用看板方式，有可能使供应库存实现零库存。

（5）发展阶段

供应物流电子信息化，以及其与其他系统整合为企业物流信息系统成为物流系统发展的必然趋势。供应物流，以及整个物流系统的电子信息化是企业现代物流在网络时代发展的基础。供应物流对采购、仓储、供应等各环节中的物料信息及流通中产生的信息进行收集、整理，将信息数据化、代码化、电子化、标准化、实时化。同时通过供应物流与销售、生产等其他物流系统中的各点和各线的信息化、网络化，整个系统被整合为企业物流信息系统。这时采购物料的信息是由生产计划和调度信息来指导的，库存管理是按生产信息和采购信息来实时监控和调整的，物流信息系统将使企业实现自动化、无纸化办公，其建立已成为处于信息时代的企业提高运营效率、获取最大利益、实现组织目标的战略。

企业物流一体化是企业发展的必然趋势，供应物流将是物流一体化的重要组成部分。物流一体化针对企业内部各个职能的运作与协调，也包括采购资源的计划、分配和控制过程，以及实物配送和生产支持系统的管理，它将企业的各个功能和物流进行统一管理、系统优化，实现企业内部的一体化，形成企业内部供应链。人们越来越清楚地意识到在生产经济性和市场需求之间存在着一定的交替损益，物流一体化只有从物流系统的总体效益出发，把所有相关的物流成本放到同一场景中，用"总成本"这一统一尺度来衡量，从综合经济效益上衡量比较总的损益、得失、优劣，才能进一步发挥各功能的协调作用。如果运费上升的额度低于储存费用降低的额度，那么物流总成本会降低，说明这一决策是正确的、合理的。反之，如果运费上升的额度高于储存费用降低的额度，那么减少商品的存储数量不但是无意义的，而且是不合理的。

内部供应链的形成可以降低系统的库存水平，信息通信有效地提高了整个系统的运作效率。但是内部一体化只能实现厂内的最优化，由于没有对供应商和分销商的一体化管理，仍然存在大量原料和成品的库存，可能会将库存转移到供应商和分销商，而库存成本最终将转移到用户身上。

2. 仓储物流

仓储物流（Warehousing Logistics）就是利用自建或租赁库房、场地来储存、保管、装卸搬运、配送货物。传统的仓储定义是从物资储备的角度给出的。现代"仓储"不是指传统意义上的"仓库""仓库管理"，而是指在经济全球化与供应链一体化背景下的仓储，是指现代物流系统中的仓储。

（1）汽车配件仓储的作用和任务

仓库是汽车配件销售企业管理的重要组成部分，是为汽车配件销售服务的物资基地。仓储的主要作用如下：

1）保证汽车配件的使用。

2）为用户提供零部件服务。

仓储的基本任务，就是做好汽车配件的进库、保管和出库工作，在具体工作中，要求企业做到保质、保量、及时、低耗、安全地完成仓储保管工作中的各项任务，并节省保管费用。图 2-14 所示为某汽车零部件仓储。

图 2-14　某汽车零部件仓储

（2）汽车配件仓储作业管理

为了顺利地进行仓储作业活动，使人、设备和物资三要素很好地协调配合，避免浪费，防止"供、需、储"不平衡和不当行为造成失误而进行的一系列管理活动，称作仓储作业管理。

汽车配件销售企业的仓储作业管理，就是以汽车配件的入库、保管、保养和出库为中心所开展的一系列活动。

1）零部件入库验收。入库验收是零部件进入仓库保管的准备阶段。入库的零部件情况比较复杂，有的在出厂之前就不合格，如包装含量不准确、包装本身不符合保管和运输的要求等。做好入库验收工作，把好"收货关"，就是为提高仓库保管质量打下良好的基础。

① 入库验收的依据。根据入库凭证（含产品入库单、收料单、调拨单、退货通知单）规定的型号、品名、规格、产地、数量等各项内容进行验收；参照技术检验开箱的比例，结合实际情况，确定开箱验收的数量；根据国家对产品质量要求的标准，进行验收。

② 入库验收的要求：及时、准确。

③ 入库验收的流程。入库验收包括数量和质量两个方面的验收。入库的数量验收是整个入库验收工作中的重要组成部分，是做好保管工作的前提。库存零部件的数量是否准确，在一定程度上是与入库验收的准确程度分不开的。零部件在流转的各个环节，都存在质量验收问题。入库的质量验收，就是指保管员利用自己掌握的技术和在实践中总结出来的经验，对入库零部件的质量进行检查和验收。入库验收流程如图 2-15 所示。

④ 入库验收工作中发现问题的处理。在验收大件时，如发现少件或者多件，应及时与有关部门和人员联系，在得

图 2-15　入库验收流程

到他们同意后,方可按实收数签收入库;凡是质量有问题,或者品名、规格出错,证件不全,包装不符合保管、运输要求的,一律不能入库,应将其退回有关部门处理;零星小件的数量误差在2%以内的,易损件的损耗在3%以内的,可以按规定自行处理,超过上述比例,应上报有关部门处理;凡是因为开箱点验被打开的包装,一律要恢复原状,不得随意损坏或者丢弃。

2)零部件出库作业。出库的流程如图2-16所示。出库的要求包括:凭单发货;先进先出;及时准确;包装完好;待运配件。

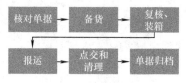

图2-16 出库的流程

(3)汽车配件的保管和养护

1)配件的保管。为了充分发挥库房、保管员和设备的潜力,达到储存多、进出快、保管好、费用省的要求,应将进库储存保管的配件,统一按部、系、品种或按车型系列的部、系、品种采用条理化与ABC法相结合的办法进行管理。

所谓条理化管理,就是将配件分类统一、安全堆码,使其美观整齐。同时,仓库的容量利用经济合理,仓库防尘、防潮、防高温、防照射,细致严密,卡物相符,服务便利,并存放好特殊的汽车配件。

① 配件保管的分类方式:按部、系、品种系列分库;按车型系列分库;按单位设专库;图2-17所示为配件保管示意图。

图2-17 配件保管示意图

② 堆码的要求:安全"五距";实行定额管理,库房的储存量指标应有明确规定;堆码美观整齐;重量较轻、体积较大的零部件应单独存放;某些配件需要露天存放时,也要美观整齐;每次发货后,及时清理现场。图2-18所示为合理堆垛示意图。

图 2-18 合理堆垛示意图

③ 合理利用仓库的容量的要求：合理使用库房；提高单位面积利用率；重视配件质保期；重视产品储存期限，并在期限内尽快销售；安排适当的库房和货位，各种配件对储存保管的要求不一样，应根据其对储存条件的要求，分别安排到适当的仓库和货位上；严格执行配件进出库制度，库存配件应严格执行先进先出的原则，尽量减少配件在库时间，使库存不断更新。

2）配件的养护

① 自然因素对汽车配件的影响

A. 温度对汽车配件的影响。极端温度可能导致配件材料性能变化。

B. 湿度对汽车配件的影响。高湿度可能导致金属部件生锈或电子元件受潮。

C. 日光对汽车配件的影响。长时间暴露于阳光下可能导致塑料配件变质或褪色。

D. 其他因素对汽车配件的影响。如化学气体、灰尘等因素也可能影响配件的使用寿命。

② 防范措施

A. 配件加垫。

B. 加强库内温度、湿度控制。

C. 采取库内降潮的办法。

D. 建立零部件保养制度。

E. 保持库内外清洁卫生。

F. 保证汽车配件包装完好无损。

③ 特殊汽车配件的存放和养护

A. 不能沾油的汽车配件的存放和养护。应存放在干燥清洁的环境中，避免与润滑油或化学物质接触。

B. 爆燃传感器的存放和养护。应避免受到强烈振动或碰撞，最好放置在防振垫上。

C. 减振器的存放和养护。应水平存放，避免受到挤压或扭曲，定期检查并保持清洁以确保性能稳定。

3）卡物相符、服务便利。"卡物相符"的程度是考核仓库保管员工作质量的一项具体内容。卡物相符率高，就证明保管员的工作质量好，反之，就证明其工作质量差。提高卡物相符率的关键是认真执行"五五化"堆码和"有动必对"的原则。其中，最重要的是"有动必对"，它是保证卡物相符的有力措施，每发完一批货后，必须将卡片的结存数量与库存实物的结存数量进行核对，一定要保持卡片的结存数量与仓库实物的结存数量相符。

3. 生产物流

生产物流（Production Logistics）是指在生产过程中的物流活动。这种物流活动是与整个生产工艺过程相伴而生的，实际上它已经成为生产工艺过程的一部分。

（1）汽车生产企业生产物流的构成

汽车生产企业生产物流包含车身流和零部件配送流两个子系统，这两个子系统处于汽车工业供应链的中游，属于企业内部物流。

车身流是一个完整的整车制造过程，即按照作业计划形成底盘焊接总成后，经过焊装各个工艺流程完成白车身，经过涂装各个工艺流程完成颜色车身，再经过总装配和商业化流程进入成品车库的全过程。

在车身制造计划的执行阶段，以装配顺序卡作为计划执行与控制的指导文件。在这个装配顺序卡中，每一台车都有一个唯一的制造指令，一条总装配线对应一个装配顺序卡。

（2）汽车生产企业生产物流的控制

以约束理论（Theory of Constraint，TOC）为依据的生产物流计划与控制可以确保整个生产过程和工作过程快速有序地进行，能够有效地防止出现不适当地追求局部效率而损害全局效率的现象，从而最大限度地提高整个生产系统的效益。

3.4 任务计划

情景导入

教师活动：教师提供现场精益物流规划管理改善方案案例并进行初步解析。

学生活动：学生独立阅读和研究教师提供的案例资料。

小组输出改善方案框架

教师活动：教师要求学生小组合作输出车间现场精益物流规划管理改善方案的思路及框架。

学生活动：学生分小组讨论，小组合作完成车间现场精益物流规划管理改善方案框架，包括场景预设、分工等。

3.5 任务决策

教师活动：教师指导学生小组对车间现场精益物流规划管理改善方案的撰写工作进行分工，确定小组成员的角色及工作任务。

学生活动：小组成员在组长的带领下分工完成方案撰写。

3.6 任务实施

教师活动：在小组分工协作时，教师进行巡视、指导。

学生活动：学生分小组完成车间现场精益物流规划管理改善方案的撰写，两组间分别进行方案汇报，分别对其进行评价和监督，最终等待教师选派部分小组上台汇报。

3.7 任务检查

教师活动：教师提供任务检查单。教师要求学生分组，小组合作完成任务检查，并在任务检查单上进行标注。教师要求学生小组的成员对工作过程和工作计划进行监督和评估，记录优缺点及改进建议，并口头表述。教师要重点引导学生对小组内其他成员的支持性意见的表达，并训练学生接纳他人的建议。

学生活动：学生分组，小组合作完成任务检查，并在任务检查单上进行标注。学生按照教师的规定对小组内其他成员的工作过程提出改进建议。

3.8 任务评价

教师活动：教师归纳整理理论体系，以一页PPT展示知识点、技能点和素养点。

学生活动：学生认真反思、倾听，构建适合自己学习的知识体系。学生对照学习目标进行自我评价。

课程育人（二）

　　汽车行业的整车物流由于客户服务要求高、周转速度快、流程复杂，以及整车管理本身要求单车各种数据完整、及时和准确，因而包含了极其复杂和灵活的管理内容。

　　在实际的汽车整车物流管理中，主要面临的问题是销售计划与生产计划的协调问题、经销商库存管理问题、在途库存管理问题、平面仓储的自动化管理问题和运输管理问题等。

　　在解决汽车生产物流问题的过程中，培养了学生分析解决问题的能力，将学生所学的理论知识应用到具体的实践中，对学生专业技能的提升起到了至关重要的作用。

　　20世纪90年代，美国进行了一系列对精益生产的研究和实践。这其中包括美国军方1993年出台的《国防制造企业战略》《精益航空航天计划》（Lean Aerospace Initiative）等政府指令性的文件。除了汽车企业，波音、洛克希德·马丁、普惠等企业也投入精益生产的大潮。在这个过程中，日本人提供了基本的思想和方法，用出色的实践证明了精益生产的强大生命力；美国学者、美国企业乃至美国政府的研究和实践，证明了精益思想在世界中的普遍意义，并升华为新一代的生产哲理。终于，在1996年，James Womack和Daniel Jones的《精益思想》（Lean Thinking）一书问世，精益生产方式由经验变成理论，新的生产方式正式诞生。

　　从上述精益思想发展的历程可以说明，精益思想是人、过程和技术的集成。无论是日本丰田的生产方式，还是后来的精益生产，都是从技术的改变和技术的可行开始的。过程的思想则是丰田生产方式产生的基础，而人则是决定性的因素。精益思想相比于大批量生产，关键的不同是组织结构和分工原则的变化，这是解放被大量生产的分工和等级制度所束缚着的员工积极性的重要进步；还从理论的高度归纳了精益生产方式中所包含的新的管理思维，并将精益生产方式应用到制造业以外的所有领域，尤其在第三产业，把精益生产方式外延到企业活动的各个方面，不再局限于生产领域，从而促使管理人员重新思考企业流程，消除浪费，创造价值。

项目 3
生产物流现场管理

教学准备

教学情境准备

教师活动：由教师指导对整个班级的学生进行分组，并由各小组讨论，选举出组长。教师安排组长负责小组管理，如分配、分解任务，小组团队建设，班内的协调工作等。

学生活动：组长根据对作业指导书及相关资料的学习，通过小组讨论来分解、分配任务，同时组长担任任务完成检查员。

教学目标准备

素养点：
1. 在小组中能够良好地表达自我，并懂得倾听他人
2. 能够阅读相关的教学资料
3. 通过查阅资料能够使用工具
4. 能够形成完善的逻辑思维
5. 能够独立工作
6. 能够参与小组合作
7. 能够与他人进行有效的沟通和交流

知识点：
1. 生产现场 6S 管理与目视管理
2. 生产物流设备及其管理

3. 生产现场定置管理

技能点：
1. 认识生产现场 6S 管理
2. 发现生产现场管理问题点并独立开展 6S 管理改善
3. 掌握生产物流设备管理原则
4. 能灵活运用定置管理的相关知识对案例进行综合分析
5. 能识别简易的定置图

资料清单

1. 教材和电子课件
2. 任务清单
3. 生产现场 6S 管理案例
4. 定置管理案例
5. 任务检查单
6. 评价表

任务 1　认识生产现场 6S 管理与目视管理

1.1　任务描述

微课视频
生产现场 6S 管理

全员分组讨论

学生活动： 学生分组，10 人一组。每组展开讨论，讨论主题：对生产现场 6S 管理与目视管理的认识。选派组长进行发言。

教师活动： 教师观察学生的讨论过程，观察各组学生的表现。

全员换位评价

学生对其他小组分析说明的内容进行评价，说出其他小组所述内容的优缺点。

提交评价表

教师活动： 教师要求学生根据自己对任务的讨论完成情况进行评价，并提出改进意见。

学生活动： 学生在任务工作单上进行自评和互评。

1.2 任务分析

教师活动：教师提供任务工作单，指导学生深入理解生产现场 6S 管理与目视管理。

学生活动：根据教师提供的资料和教材内容进行查阅和讨论，并形成系统化逻辑思维。

1.3 理论学习

1.3.1 生产现场 6S 管理

1. 6S 的起源与发展

6S 是指整理（Seiri）、整顿（Seiton）、清扫（Seiso）、清洁（Seiketsu）、素养（Shitsuke）、安全（Safety）六个项目，因其均以"S"开头，所以简称"6S"。

提起 6S，首先要从 5S 谈起。5S 起源于日本，指的是在生产现场对人员、机器、材料、方法等生产要素进行有效管理，它针对企业中每位员工的日常行为方面提出要求，倡导从小事做起，力求使每位员工都养成事事"讲究"的习惯，从而达到提高整体工作质量的目的。它是日本企业的一种独特的管理方法。1955 年，日本 5S 的宣传口号为"安全始于整理、整顿，终于整理、整顿"，当时只推行了前 2S，其目的是确保作业空间和安全，后因生产控制和品质控制的需要，而逐步提出后 3S，即"清扫、清洁、素养"，从而其应用空间及适用范围进一步拓展。1986 年，首本关于"5S"的著作问世，对整个日本现场管理模式起到了冲击作用，并由此掀起 5S 的热潮。日企将 5S 作为工厂管理的基础，推行各种品质管理手法，使得产品品质得以迅猛提升，奠定了日本经济大国的地位。而在日本丰田公司的倡导推行下，5S 对于提升企业形象、安全生产、标准化的推进、创造令人心怡的工作场所等方面的巨大作用逐渐被各国管理界认识。我国企业在 5S 现场管理的基础上，结合国家如火如荼的安全生产活动，在原来 5S 的基础上增加了"安全"（Safety）要素，形成"6S"。

2. 6S 管理的目的

实施 6S 管理可以改善产品品质，提高生产能力，降低生产成本，确保准时交货，确保安全生产及保持员工高昂的士气，推行 6S 管理最终要达到的目的有八点：

1）改善和提高企业形象。整齐、整洁的工作环境，容易吸引顾客，让顾客心情舒畅；同时，由于口碑的相传，企业会成为其他公司学习的榜样，从而能大大提高企业的威望。

2）促进效率的提高。良好的工作环境可以让员工保持高昂的士气，让他们可以积极主动地工作，从而大大提高效率。

3）改善零件在库周转率。在需要时能立即取出有用的物品，供需间物流通畅，极大地减少因寻找所需物品而消耗的时间和物品在库滞留时间，从而有效地改善零件在库周转率。

4）减少直至消除故障，保障产品品质

优良的产品品质来自优良的工作环境。只有经常清扫、检查，不断地净化工作环境，才能有效地避免污染物损坏机器，维持设备的高效率，提高生产品质。

5）保障企业安全生产。经常整理、整顿、清扫，物品定置摆放，工作场所保持整洁、畅通、明亮，使设备高效运转，减少意外事件的发生，使安全有保障。

6）降低生产成本。极大地减少人员、设备、材料、场所、时间等要素的浪费，提升产品的品质,从而降低生产成本。

7)改善员工的精神面貌,使组织充满活力。员工变得有修养、有尊严和有成就感,对工作尽心尽力,并士气高昂,使组织焕发出一种强大的活力。

8)缩短作业周期,确保交货。企业实行"一目了然"的管理(目视化管理),使异常现象明显化,减少人员、设备、材料、时间等的浪费;使生产顺畅、作业效率提高、作业周期缩短,从而确保交货期。最后,企业的每个员工都要有团队合作精神,改善精神面貌,提升企业的形象,从而形成一种自主改善的机制,实现良性循环。

3. 6S 管理的内容

1)整理(Seiri)。将工作场所内的任何物品明确、严格地区分为有用的物品与无用的物品,无用的物品应尽快处理掉,如图 3-1 所示。其目的是腾出空间、活用空间,防止误用、误送,塑造清爽的工作场所。

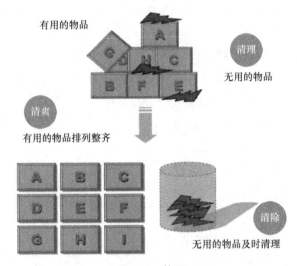

图 3-1　整理

2)整顿(Seition)。能在 30s 内找到要找的物品,对整理之后留在现场的有用的物品分门别类地放置,排列整齐,如图 3-2 所示。其目的是使工作场所一目了然,保持整整齐齐的工作环境,消除寻找物品的时间,消除过多的积压物品。

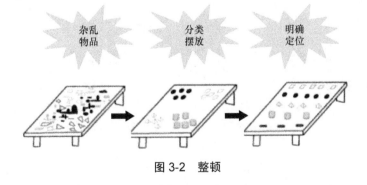

图 3-2　整顿

3)清扫(Seiso)。清扫工作场所,使其保持干净、亮丽;岗位和设施保持无垃圾、无灰尘、干净整洁的状态。其目的是消除脏污,保持干净、明亮,稳定品质。

4)清洁(Seiketsu)。通过整理、整顿、清扫,保持现场整齐、明亮、干净,并通过制度化,维持其成果。其目的是维持前面3S的成果。

5)素养(Shitsuke)。自觉培养员工的文明作风,使其按规定行事,培养其积极主动的精神,提升其素养和品质,使其养成良好的工作习惯(革除马虎之心,养成凡事认真的习惯、遵守规定的习惯、自觉维护工作环境整洁明了的习惯、文明礼貌的习惯)。其目的是提升员工的品质,使员工对任何工作都讲究认真。

6)安全(Safety)。树立自保互保的安全意识,时刻保持安全第一的观念,排查不安全的因素,防患于未然,按章作业,遵守工作纪律,确保人的安全和设备的正常运行。其目的是杜绝安全事故,规范操作,确保产品质量,保障员工的人身安全,保证生产持续、安全、正常地进行,同时减少因安全事故而带来的经济损失。

"6S"之间彼此关联,整理、整顿、清扫是具体内容;清洁是指将前面3S的做法制度化、规范化,并贯彻执行及维持结果;素养是指培养每位员工养成良好的习惯,遵守规则做事。开展6S管理工作容易,但长时间的维持必须靠素养的提升。安全是基础,要尊重生命,杜绝违章。图3-3所示为6S之间的关系与推行。

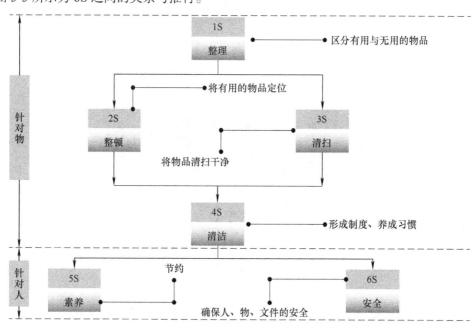

图3-3 6S之间的关系与推行

4. 6S管理的实施步骤

某些企业掌握了6S管理的基础知识,但尚不具备推行6S活动的能力。由于推行步骤、方法不当导致事倍功半,甚至中途失败的事例并不鲜见。因此,掌握正确的步骤、方法是非常重要的。

1)成立推行组织。成立推行委员会及推行办公室;确定组织职权;明确委员的主要工作;划分编组及责任区。建议由企业的主要领导担任6S管理推行委员会的主任职务,以示对此活动的支持,由副主任负责活动的全面推行。

2）制定推行方针及目标。在推动6S管理时，制定推行方针作为导入的指导原则，推行方针的制定要结合企业的具体情况，要有号召力。方针一旦制定，要广为宣传。设定期望达到的目标，作为活动努力的方向，以便检查活动过程中的成果，目标的制定也要同企业的具体情况相结合。

3）拟订工作计划及实施方法。拟订工作计划作为推行及控制6S管理的依据；收集资料及借鉴其他企业的做法；制定6S管理实施办法；制定有用与无用的物品的区分方法；制定6S管理评比的方法；制定6S管理奖惩的办法；大的工作一定要有计划，以便大家对工作过程有一个整体的了解。项目责任者要清楚自己及其他担当者的工作是什么及何时要完成，只有相互配合，才能造就一种团队作战的精神。

4）教育。每个部门对全员进行教育：6S管理的内容及目的、6S现场管理法的实施方法、6S现场管理法的评比方法、新进员工的6S现场管理的训练。让员工了解6S活动能给工作及自己带来好处，从而主动地去做，这与被别人强迫着去做的效果是完全不同的。教育形式要多样化，讲课、放录像、观摩其他厂的案例或样板区域、学习推行手册等方式均可视情况加以使用。

5）活动前的宣传造势。6S活动要全员重视、参与，才能取得良好的效果；可以通过最高主管发表宣言（晨会、内部报刊等）、海报、内部报刊宣传等形式进行宣传造势。

6）实施。前期作业准备，召开方法说明会，准备道具；工厂"洗澡"运动（全体上下彻底大扫除）；建立地面划线及物品标识标准；展开"3定"（定点、定容、定量）、"3要素"（场所、方法、标识）。

7）活动评比办法确定。确定加权系数（困难系数、人数系数、面积系数、素养系数）和考核评分法。

8）查核。现场查核；6S问题点质疑、解答；举办各种活动（如征文活动等）及比赛。

9）评比及奖惩。依据6S活动竞赛办法进行评比，公布成绩，实施奖惩。

10）检计与修正。各责任部门依缺点项目进行改善，不断提高。通过对6S管理进行定期的审查，找出不足之处加以改正。

11）纳入定期管理活动。标准化、制度化的完善；实施各种6S现场管理强化月活动。需要强调的一点是，企业因背景、架构、企业文化、人员素质的不同，在推行时可能会有各种不同的问题出现，只有根据实施过程中所遇到的具体问题，采取可行的对策，才能取得满意的效果。

1.3.2 目视管理

目视管理是利用形象直观而又色彩适宜的各种视觉感知信息来组织现场生产活动，以达到提高劳动生产率的一种管理手段，也是一种利用视觉来进行管理的科学方法。目视管理是一种以公开化和视觉显示为特征的管理方式。它是综合运用管理学、生理学、心理学、社会学等多学科的研究成果。

1. 目视管理的特点

以视觉信号显示为基本手段，大家都能够看得见；以公开化、透明化的基本原则，尽可能地将管理者的要求和意图让大家看得见，借以推动自主管理（自主控制）；现场的作业人员可以通过目视的方式将自己的建议、成果、感想展示出来，与领导、同事以及工友们相互交流。因此，目视管理也被称为看得见的管理或一目了然的管理。这种管理方式可以贯穿各种管理领域。

2. 目视管理的水准

目视管理可以分为 4 个水准，如图 3-4 所示。

无水准：数目不明确，要数。

初级水准：有表示，能明白现在的状态，整理排列，便于确认管理。

中级水准：谁都能判断良否，通过简单标识一目了然。

高级水准：管理方法（异常处理等）都列明，在数目不足时通过标识和提示知道该怎么做。

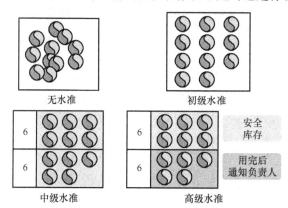

图 3-4　目视管理水准

3. 目视管理的内容

1）规章制度与工作标准公开化。

2）生产任务与完成情况图表化。

3）与定置管理相结合，实现视角显示信息标准化。

4）生产作业控制手段形象直观并使用方便。

5）物品码放和运送数量标准化。

6）现场人员着装标准化。

7）色彩的标准化管理。

4. 目视管理的对象

1）工厂里的全部构成要素都是目视管理的对象，如制造过程、物料、设备夹具、文件、场所、人等。

2）生产现场的目视管理对象，如产品、品质、成本、安全、士气、作业、排成交期、质量、模具等。

3）间接部门的目视管理对象，如文件、行动、业务、办公设备等。

5. 目视管理的类别

（1）红牌

红牌适宜于 6S 管理中的整理，是改善的基础起点，用来区分日常生产活动中的非必需品；挂红牌的活动又被称为红牌作战。

（2）看板

看板是指显示使用物品的放置场所等基本状况的表示板。它可以显示物品的具体位置在哪，物品用来做什么、数量多少、谁负责、谁来管理等重要信息，让人一看就明白。

（3）信号灯

在生产现场，第一线的管理人员必须随时知道机器是否在正常地运转、作业员是否在正常作业。信号灯是在工序内发生异常时，用于通知管理人员的工具。信号灯的种类：

1）发音信号灯。它适用于物料请求通知，当工序内的物料用完时，或者该供需的信号灯亮时，扩音器马上会通知搬送人员及时地供应物料，几乎所有工厂的主管都了解信号灯也是看板管理中的一个重要的工具。

2）异常信号灯。它适用于产品质量不良及作业异常等场合，通常被安装在大型工厂较长的生产、装配流水线中。一般设置红或黄两种信号灯，由员工来控制；当零部件用完、出现不良产品及机器故障等异常情况时，往往影响生产指标的完成，这时由员工马上按下红灯的按钮，等红灯一亮，生产管理人员和厂长都要停下手中的工作，马上前往现场，予以调查处理；异常被排除以后，管理人员就可以把这个信号灯关掉，然后继续组织作业和生产。

3）运转指示灯。它显示设备的运转，机器开动、转换或停止的状况，在停止时还显示设备停止的原因。

4）进度灯：它是比较常见的，被安在组装生产线中；在手动或半自动生产线中，进度灯用于每一道工序间隔为1~2min的场合，以便于组装节拍的控制，保证产量。但是当节拍时间间隔有几分钟时，它用于作业。作业员要自己把握进度，防止作业的迟缓。

（4）操作流程图

操作流程图是用来描述工序重点和作业顺序的简明指示书，也被称为步骤图，用于指导生产作业。在一般的车间内，特别是工序比较复杂的车间，在看板管理中一定要有操作流程图。

（5）反面教材

反面教材通常结合实物和图示，目的是让现场作业人员清楚地了解不良现象及其后果。通常会放置在人们密集的显眼位置，以便人们一看就明白。反面教材为不能正常使用或违规操作的示例。

（6）提醒板

在生产车间的可视范围内，标有"禁止烟火""禁止合闸"等安全禁止标志，"注意安全""紧急出口""当心坑洞"等安全警告标志，以及"必须戴防护眼镜""必须戴安全帽"等安全提示标志。通过这样的可视管理，员工们易于遵守安全生产规定，设备操作简单方便。

（7）区域线

对放置半成品的场所或通道等区域，用线条框定，使每一个角落都是安全责任区，从而实现安全管理。

（8）警示线

让员工知道安全禁区，比如，易燃易爆区域、有毒有害区域、高压电区域。

（9）告示板

告示板是一种及时管理的道具，也就是公告，比如，今天下午两点开会，告示板就是书写这些内容让大家知道。

（10）生产管理板

生产管理板是揭示生产线的生产状况、进度的表示板，它记录了生产实绩、设备开动率、异常原因（停线、故障）等，用于看板管理。

目视管理实操案例如图3-5所示。

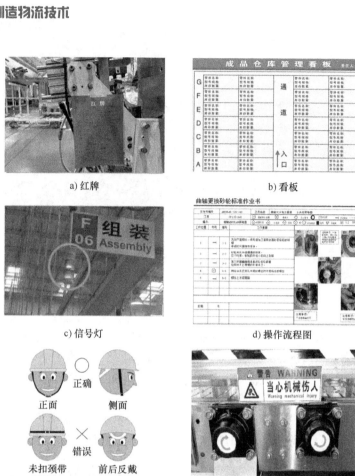

a) 红牌　　　　　　　　b) 看板

c) 信号灯　　　　　　　d) 操作流程图

e) 反面教材　　　　　　f) 提醒板

g) 区域线　　　　　　　h) 警示线

i) 告示板　　　　　　　j) 生产管理板

图 3-5　目视管理实操案例

1.4 任务计划

独立查阅信息

教师活动：教师分享生产现场 6S 管理案例。

学生活动：学生独立思考案例中存在的问题点及改善方案。

小组制定方案报告并展示

教师活动：教师要求学生以小组为单位讨论案例，分享改善方案并展示。

学生活动：学生分小组讨论，小组合作完成如何维持 6S 管理成果方案报告的制定。

1.5 任务决策

实战演习任务决策

教师活动：教师选出一个学生代表进行问题点陈述和方案报告的展示。

学生活动：被选出的学生代表进行汇报展示，其他学生观察，并进行口头评价、补充、改进。

提交任务决策

教师活动：教师对每个小组的方案进行确认。

学生活动：每个小组制定自己的方案，并在任务工作单上表述出来。

1.6 任务实施

示范操作

教师活动：教师亲自示范讲解，或者播放相关的微课视频。

学生活动：学生观察教师的示范表达，深化对 6S 管理的认识。

操作实施

教师活动：教师将学生分组，并要求学生分工明确。在实施过程中，教师进行巡视、指导。

学生活动：学生分组，分别对相关内容进行讨论。每组 5 人，各自分享观点，并对小组讨论内容汇总整理成最终方案，最终由指定学生代表上台进行汇报分享。

1.7 任务检查

教师活动：教师提供任务检查单。教师要求学生分组，小组合作完成任务检查，并在任务检查单上进行标注。教师要求学生小组的成员对工作过程和工作计划进行监督和评估，记录优缺点及改进建议，并口头表述。教师要重点引导学生对小组内其他成员的支持性意见的表达，并训练学生接纳他人的建议。

学生活动：学生分组，小组合作完成任务检查，并在任务检查单上进行标注。学生按照教师的规定对小组内其他成员的工作过程提出改进建议。

1.8 任务评价

教师活动：教师归纳整理理论体系，以一页PPT展示知识点、技能点和素养点。
学生活动：学生认真反思、倾听，构建适合自己学习的知识体系。学生对照学习目标进行自我评价。

任务2 认识生产物流设备及其管理

2.1 任务描述

全员分组讨论

学生活动：学生分组，10人一组。每组展开讨论，讨论主题：对生产物流设备的认识。选派组长进行发言。
教师活动：教师观察学生的讨论过程，观察各组学生的表现。

全员换位评价

学生对其他小组分析说明的内容进行评价，说出其他小组所述内容的优缺点。

提交评价表

教师活动：教师要求学生根据自己对任务的讨论完成情况进行评价，并提出改进意见。
学生活动：学生在任务工作单上进行自评和互评。

2.2 任务分析

教师活动：教师提供任务工作单，指导学生深入学习生产物流设备的发展方向及管理。
学生活动：根据教师提供的资料和教材内容进行查阅和讨论，并形成系统化逻辑思维。

2.3 理论学习

2.3.1 生产物流设备

1. 物流设备概述

物流设备是指进行各项物流活动所需的机械设备、器具等可供长期使用，并在使用中基本保持原有实物形态的物质资料，不包括建筑物、装卸站台等物流基础设施。物流机械设备是物流劳动工具，是物流系统的物质技术基础。不同的物流系统有不同的物流设备与之相匹配，用于完成不同的物流作业。物流机械设备是现代化物流企业的主要作业工具之一，是合理组织批量生产和机械化流水作业的基础。

2. 物流设备配置的原则

（1）合理采用

1）合理采用物流机械化系统。机械化系统可以大大地改善劳动条件，减轻劳动强度，增强安全作业，提高作业效益和效率。但是在机械化的过程中要考虑系统目标和实际情况。一般情况下，对于作业量很大，特别是重、大货物，启动频繁、重复、节拍短促而有规律的作业，适宜采用机械化系统。对于要求作业效率高、精度高，或影响工人的健康、有危险的作业场合，适宜采用自动化系统。

2）合理选用物流技术及其物流设备。设备先进程度、数量多少要以适用为主，设备的性能要能满足系统要求，以保证设备被充分利用，防止设备闲置浪费。为此要对物流技术及其物流设备进行科学规划，要认真研究分析设备需求种类、配置状况、技术状态，做出切实可行的配置方案，并进行科学合理的选用，充分发挥物流机械设备的效能。

3）集成化与配套使用。在物流系统中，不仅要注意物流技术及其物流设备单机的选择，更要注意整个系统各环节的衔接和物流技术及其物流设备的合理匹配。如果物流设备之间不配套，不仅不能充分发挥物流设备的效能，而且在经济上可能造成很大的浪费。

（2）快速、及时、准确、经济地运送货物

生产系统为保证生产需要，有时需要快速地供应生产所用的材料。这对物流技术及其物流设备提出了更高的要求，要求其能够快速、及时、准确、经济地把物料或货物运送到指定场所。快速是为了满足生产需要，以最快的时间运送。为了保证物流速度，就需要合理配置物流设备，广泛应用现代化物流设备。按照生产进度，合理运用物流设备，把物及时地送到指定场所。无论生产企业各车间工序间物的流动，还是企业外各种物的流动，都要根据生产的需要及时地进行，否则生产就会受到影响，这就要求物流设备能随时处于良好的状态，能随时进行工作。准确要求在仓储、运输、搬运过程中确保物流设备可靠、安全，防止由于物流设备的故障造成货物损坏、丢失。对物流设备进行科学管理，是保证物流设备安全的前提。经济是指在完成一定的物流任务的条件下，使投入的物流设备最佳，即最能发挥设备的功能，消耗费用最低。

（3）标准化

采用标准化的物流设备和器具，可以降低购置和管理费用，提高物流作业的机械化水平，提高物流系统的效率和经济效益。特别是选用标准化的集装单元器具，有利于搬运、装卸、储存作业的统一化和设施设备的充分利用。

（4）具有较强的灵活性、适应性

在物流系统中，所采用的物流设备应能适应各种不同的物流环境、物流任务和实际应用的需求，应使用方便、符合人体工程学原理。例如，物流设备的使用操作要符合简单、易掌握、不易出错等要求。

（5）充分利用空间

利用有效的空间，进行物流作业。例如，可采用架空布置的悬挂输送机、立体库、梁式起重机、高层货架等；使用托盘和集装箱进行堆垛，向空中发展，这样可减少占地面积，提高土地利用率，充分利用空间。

（6）减少人力搬运

从人机工作特点来看，有些地方还需要人工搬运，但要尽量减少体力搬运，减少人员步行距离，减少需要弯腰的搬运作业。例如，可用手推车减少体力搬运，可用升降台减少或避免需要弯腰的搬运作业；尽量减少搬运、装卸的距离和次数，减少作业人员上下作业、弯腰的次数和人力码垛的数量。

3. 物流设备的类型

（1）物流运输设备

运输在物流中的独特地位对物流运输设备提出了更高的要求，要求物流运输设备具有高速化、智能化、通用化、大型化和安全可靠的特性，以提高运输的作业效率，降低运输成本，并使运输设备达到最优化利用。根据运输方式的不同，物流运输设备可分为公路运输设备、铁路运输设备、水路运输设备、航空运输设备和管道运输设备等。

（2）物流装卸搬运设备

物流装卸搬运设备是指用来搬移、升降、装卸和短距离输送物料或货物的机械。物流装卸搬运设备是实现装卸搬运作业机械化的基础，是物流设备中重要的机械设备。它不仅可用于完成船舶与车辆货物的装卸，而且还可用于完成库场货物的堆码、拆垛、运输以及舱内、车内、库内货物的起重输送和搬运。物流装卸搬运设备包括叉车类、起重机械类、作业车类、输送机类。

1）叉车类。叉车属于工业搬运车辆，是指对成件托盘货物进行装卸、堆垛和短距离运输作业的各种轮式搬运车辆。叉车通常可以分为3类：内燃叉车、电动叉车、仓储叉车，如图3-6所示。

① 内燃叉车。内燃叉车一般采用柴油、汽油、液化石油气或天然气发动机作为动力，载荷能力为1.2~8t，作业通道宽度一般为3.5~5m。内燃叉车独立性强、行驶速度快、爬坡能力强，但结构复杂，不易操控，考虑到尾气排放和噪声问题，通常被用在室外、车间或其他对尾气排放和噪声没有特殊要求的场所。由于内燃叉车的燃料补充方便，因此可实现长时间的连续作业，而且能胜任在恶劣的环境（如雨天）下工作。

② 电动叉车。电动叉车以电动机为动力，以蓄电池为能源。它的承载能力为1~8t，作业通道宽度一般为3.5~5m。由于它没有污染、噪声小，因此广泛应用于室内操作和其他对环境要求较高的行业，如医药、食品等行业。随着人们对环境保护的重视，电动叉车正在逐步取代内燃叉车。由于电动叉车的每组电池一般在工作约8h后需要充电，因此对于多班制的工况需要配备备用电池。

③ 仓储叉车。仓储叉车主要是为仓库内货物搬运而设计的叉车。除了少数仓储叉车（如手动托盘叉车）是人力驱动的，其他都是电动机驱动的，因其车体紧凑、移动灵活、自重轻和环保性能好而在仓储业得到普遍应用。在多班作业时，电动机驱动的仓储叉车需要有备用电池。

a）内燃叉车　　b）电动叉车　　c）仓储叉车

图3-6　叉车类

2）起重机械类。起重机械通过起重吊钩或其他取物装置起升或起升加移动重物，如图3-7

所示。起重机械的工作过程一般包括起升、运行、下降及返回原位等步骤。起升机构通过取物装置从取物地点把重物提起,经运行、回转或变幅机构把重物移位,在指定地点放下重物后返回到原位。起重机械以装卸为主要功能,搬运的功能较差,搬运距离很短。大部分起重机械的机体移动困难,因而通用性不强,往往是港口、车站、仓库、物流中心等场所的固定设备。同时,起重机械要从货物上部起吊,因而,其作业需要的空间较大。

① 电动葫芦。电动葫芦是使用简单、携带方便的手动起重机械。它适用于小型设备和货物的短距离吊运,起重量一般为 0.5~60t,起升高度为 3~120m。电动葫芦的结构轻巧、紧凑、自重轻,体积小,零件通用性强。

② 行车。行车适用最普遍,它一般架设在建筑物固定跨间支柱的轨道上,用于车间、仓库等场所,在室内或露天场所做装卸和起重工作。一般情况下,行车的起重量在 50t 以下,跨度在 35m 以内,如无特殊使用要求,宜采用行车类型中的单梁桥式起重机。行车类型中的臂梁式起重机的特点和桥式起重机基本相同,它们都可在圆形场地及其上空作业,多用于露天装卸和安装作业。

③ 缆索式起重机。缆索式起重机俗称升降机,其特点是重物或取物装置只能沿导轨升降。

a) 电动葫芦　　　　b) 行车　　　　c) 升降机

图 3-7　起重机械类

3）作业车类

① 手推台车。手推台车(见图 3-8a)是一种以人力为主的搬运车,其轻巧灵活、易操作、回转半径小,被广泛应用于车间、仓库、超市、食堂、办公室等场所,是短距离运输轻小物品的一种方便而经济的搬运工具。一般来说,手推台车每次的搬运量为 5~500kg,水平移动距离在 30m 以下,搬运速度在 30m/min 以下。

② 牵引车。牵引车(见图 3-8b)是工厂常用的运输设备,在搬运较多物品及进行较远距离的工作时,牵引车有不可替代的高效性和安全性。牵引车一般是电力驱动的。牵引车的后面可挂专用小车及带轮的其他可牵引的车,由于牵引机构及轮机构的特殊设计,在行驶时牵引车和被牵引车的轮轨迹相同,保证了在行驶时的安全性。

a) 手推台车　　　　　　　b) 牵引车

图 3-8　作业车类

4）输送机类。输送机是以连续的方式沿着一定的路线从装货点到卸货点均匀输送货物的机械。采用输送机可以加快货物的输送速度,提高生产率。而且这种设备本身自重小,外形尺寸小,成本低,功率小,结构紧凑,便于实现自动化控制,工作过程中受载均匀。但是这种设备也存在着某些缺陷,比如,它只能按照一定的路线输送,其每种机型只能用于一定类型的货物,而且不适合运输较重的货物,大多数输送机不能自行取货,需要采用一定的供料设备。目前,输送机在现代化物流搬运系统中被大量使用,尤其在自动化立体仓库、物流配送中心、大型货场等场所,是必不可少的机械。

典型的有带式输送机、辊式输送机和悬挂输送机,如图 3-9 所示。

① 带式输送机以电动机作为动力,以胶带作为输送带,利用摩擦力传送物品。

② 辊式输送机由一系列一定间距排列的辊子组成,用于输送成件货物或托盘货物。

③ 悬挂输送机在中短距离内输送成件货物,适用于工艺路线,可满足生产线上的工艺特性要求。

a) 带式输送机　　　　　b) 辊式输送机　　　　　c) 悬挂输送机

图 3-9　输送机类型

(3) 物流仓储设备

仓储在物流系统中起着缓冲、调节、集散和平衡的作用,是物流的另一个中心环节。它的基本内容包括储存、保养、维护管理等活动。产品在从生产领域进入消费领域之前,往往要在流通领域停留一定时间,这就形成了商品的仓储。在生产过程中,原材料、燃料、备品备件和半成品也需要在相应的生产环节之间有一定的储备,作为生产环节之间的缓冲,以保证生产的连续进行。要想实现仓储的基本任务,企业应根据储存货物的周转量大小、储备时间的长短、储备货物的种类及有关的自然条件,合理配置仓储设备,为有效进行仓库作业创造条件。

物流仓储设备是指为了满足储藏和保管物料的要求所需要的设备。

1) 货架。在物流仓储设备中,货架是指专门用于存放成件物品的保管设备,如图 3-10 所示。货架是一种架式结构物,它可充分利用仓库空间,提高库容利用率,扩大仓库储存能力。存入货架中的货物,互不挤压,物资损耗小,可完整保证货物本身的功能,减少货物的损失。货物放在货架中,存取方便,便于清点及计量,可做到先进先出。要想保证货物的质量,可以采取防潮、防尘、防盗、防破坏等措施。很多新型货架的结构及功能有利于现代仓库的机械化及自动化管理。

① 重型托盘货架。此类货架采用优质冷轧钢板经辊压成形,立柱可高达 6m 且中间无接缝,横梁选用优质方钢,承重力大,不易变形,横梁与立柱之间的挂件为圆柱凸起插入,连接可靠、拆装容易,并使用锁钉,以防叉车工作时将横梁挑起;全部货架的表面均经酸洗、磷化静电喷涂等工序处理,防腐防锈,外形美观;适用于大型仓库。

② 流利式货架。此类货架将货物置于滚轮上,利用一边通道存货,利用另一边通道取货。料架朝出货方向向下倾斜,货物在重力的作用下向下滑动;可实现先进先出,并可实现一次补

货、多次拣货。流利式货架存储效率高，适合大量货物的短期存放和拣选。流利式货架广泛应用于配送中心、装配车间以及出货频率较高的仓库。流利式货架上的常用容器有周转箱、零件盒及纸箱。周转箱和零件盒两种标准容器相比较，周转箱更常使用。因此，在制定流利式货架标准规格时，以可堆式周转箱为参照。

③ 悬臂式货架。此类货架使用专用立柱型材，配高强度悬臂，适用于存放长物料、环形物料、板材、管材及不规则货物。悬臂可以是单面或双面的，悬臂式货架具有结构稳定、载重能力好、空间利用率高等特点。货物存取由叉车、行车或人工进行。悬臂式货架每臂载重通常在 500kg 以内。此类货架多用于机械制造行业和建材超市等。它加了搁板后，特别适合空间小、高度低的库房，其管理方便、视野宽阔，与普通搁板式货架相比，利用率更高。

④ 移动货架。此类货架的底部安装了运行车轮，可在地面上运行。其适用于库存品种多、出入库频率较低的仓库，或库存频率较高，但可按巷道顺序出入库的仓库。它只需要一个作业通道，可大大提高仓库面积的利用率。它广泛应用于办公室存放文档，图书馆存放档案文献，金融部门存放票据，工厂车间、仓库存放工具、物料等。

a) 重型托盘货架　　b) 流利式货架　　c) 悬臂式货架　　d) 移动货架

图 3-10　货架

2）自动化立体仓库。立体仓库是指采用高层货架，以货箱或托盘储存货物，用巷道堆垛起重机及其他机械进行作业的仓库。自动化仓库是指由电子计算机进行管理和控制，不需要人工搬运作业，从而实现收发作业的仓库。将上述两种仓库相结合得到自动化立体仓库，如图 3-11 所示。

图 3-11　自动化立体仓库

自动化立体仓库可实现收货、存货、取货、发货、信息查询功能的整合。收货：仓库从供应商或生产车间接收各种材料、半成品或成品，供生产或加工装配使用。存货：将卸下的货物存放到自动化系统规定的位置。取货：根据需求情况从库房取得客户所需的货物，通常采取先入先出（FIFO）的方式。发货：将取出的货物按严格的要求发往客户。信息查询：能随时查询仓库的有关信息，包括库存信息、作业信息及其他信息。

自动化立体仓库采用高层货架存储,可节省库存占地面积、提高空间利用率,可实现自动存取,运行和处理速度快,同时,能方便纳入企业的物料系统。它采用计算机控制,便于清点和盘库,以合理减少库存。

(4)集装单元化设备

集装单元化设备是指用集装单元化的形式进行储存、运输作业的物流装备。其主要包括集装箱、托盘、集装袋等,如图3-12所示。

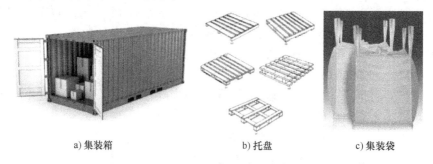

a)集装箱　　　　　　　　b)托盘　　　　　　　c)集装袋

图3-12　集装单元化设备

1)集装箱。集装箱是最主要的集装器具,它为铁路、公路和水路运输所通用,能一次装入若干个运输包装件、销售包装件或散装货物。集装箱是一种包装方式,也是一种运输器具。

2)托盘。托盘是为了使物品能有效地装卸、运输、保管,将其按一定的数量组合放置于一定形状的台面上,这种台面有供叉车从下部叉入并将台板托起的叉入口。托盘的特点:自重量小、返空容易、装盘容易;装载量虽较集装箱小,但以托盘为运输单位时,货运件数变少、体积重量变大,而且每个托盘所装的数量相等,既便于点数、理货交接,又可以减少货差事故。托盘有钢制托盘、木制托盘、塑料托盘和硬纸托盘等类型。

3)集装袋。集装袋是一种袋式集装容器,它的主要特点是柔软、可折叠、自重轻、密闭隔绝性强。它的使用领域很广,主要用于水泥、粮食、石灰、化肥、树脂类等易变质且易受污染并污染别的物品的粉粒状物的装运。在液体物品方面,适用于装运液体肥料、表面活性剂、动植物油、醋等。

(5)物流信息设备

1)电子标签拣货系统。电子标签拣货系统简称DPS(Digital Picking System),又称PTL系统,即亮灯拣货系统。DPS是指在拣货操作区中的所有货架上,为每一种货物安装一个电子标签,根据订单数据,发出拣货指令并使货架上的电子标签亮灯(闪亮),操作员按照电子标签所显示的数量及时、准确、轻松地完成以"件"或"箱"为单位的商品拣货作业。它可广泛适用于电商、烟草、药品、日用百货、电子元件、汽车零配件等行业的拣配过程。

电子标签拣货系统的优点:

① 实现无纸化作业。

② 由于省去了寻找库位和品种核对的时间,大大加快了拣货速度。

③ 拣货员的精力主要用于拣货数量的确认,可大大提高拣货的准确率。

④ 由于降低了拣货的劳动强度,工作不易疲劳,工作人员始终可以保持较高效率。

⑤ 作业流程简单,对产品、仓库不熟练的人员也可从事拣货,降低了企业的培训和管理成本。

电子标签拣货系统在实际使用中主要有两种——摘取式电子标签拣货系统和播种式电子标

签分拣系统。摘取式电子标签拣货系统就是指作业人员依据订单在仓库内将客户订购的商品逐一挑出集中。播种式电子标签分拣系统就是指把多张订单集合成一个批次,依据商品品项加总后进行拣选,之后依据订单类别作分类处理。

2)条形码技术。条形码技术是现代物流系统中非常重要的信息采集技术,它能适应物流大量化和高速化的要求,可大幅度提高物流效率。条形码技术主要应用于收货、检验、上架、拣选、补货、发货、盘点等主要作业流程。操作者通过条形码和条形码扫描器,可以轻松快捷地输入收货单、订单并处理货物的移动;也可以实时、快速、准确地输入、查询和更新系统数据,有效杜绝输入错误,如图3-13所示。

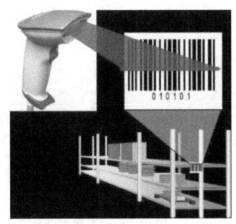

图3-13 条形码技术

条形码技术的优点:
① 登录快速,节省人力。
② 提高物流作业效率。
③ 减少管理成本。
④ 降低错误率,提高作业质量。
⑤ 更精确地控制储位的指派与货品的拣取。
⑥ 可方便有效地盘点货品,准确地掌握库存、控制存货。
⑦ 可做到实时数据收集、实时显示,并经计算机快速处理而达到实施分析与实施控制的目的。

4. 物流机械设备的发展方向

(1) 大型化和高速化

大型化是指设备的容量、规模、能力越来越大,高速化是指设备的运转速度、运行速度、识别速度、运算速度大大加快。现代社会经济的快速发展,使生产和物流规模不断扩大,为了提高作业效率和规模效益,大型、高速的物流机械需求量不断增长。物流机械设备的起重量、载重量、生产率、作业能力越来越大,工作速度越来越快。

(2) 实用化和轻型化

物流机械设备是现代化、自动化物流的重要物质技术基础。物流机械设备要求使用方便、容易维护、操作,具有优异的耐久性、无故障性和良好的经济性,以及较高的安全性、可靠性。因此,今后要更加注重开发使用性能好、成本低、可靠性高的物流机械设备。有一些物流机械设备是在通用的场合使用的，工作并不繁重。这类设备批量较大、用途广，从综合效益来看，可降低外形高度、简化结构、降低造价，同时也可减少设备的运行成本。这种轻型化的设备在今后会有更快的发展。

（3）自动化和智能化

将机械技术和电子技术相结合，将先进的微电子技术、电力电子技术、光缆技术、液压技术、模糊控制技术应用到机械的驱动和控制系统中，以实现物流机械设备的自动化和智能化将是今后的发展方向。我国在自动化和智能化技术的发展上与国外还有差距，但是近几年我国已有一批新型物流设备研发商崛起，例如，深圳路辉物流设备专注于输送与分拣设备的研发制造，其不断加大创新研发投入，累计投入数千万元用于研发和技术创新，申请通过专利20余项。通过使用路辉独家研发的滚珠模组带分拣输送系统，相比人工作业，效率可以提高2倍以上，节省至少70%的人力成本。

（4）专用化和通用化

物流是社会经济发展的产物，它必然会随着社会经济的发展而呈现多样化的特征。多样化的特征反映了对物流机械设备需求的多样化，从而使物流机械设备具有多种多样的品种且不断更新。如铁路、船舶、集装箱等专用设备的功能将不断增加，性能不断提高，适应性不断加强。而有些通用化设备还可以实现物流作业的快速转换，如大型集装箱拖车可运载海运、空运、铁路运输的所有尺寸的集装箱，极大地提高了物流作业效率，促进了通用化设备的进一步发展。

（5）成套化和系统化

在物流机械设备单机自动化的基础上，通过计算机把各种物流机械设备组成一个物流机械设备集成系统，通过中央控制室的控制，与物流系统协调配合。这类物流机械设备的自动化程度较高，具有信息处理功能，可将传感器检测出来的各种信息实时存储，进行运算、逻辑判断、变换等处理加工，进而向执行机构发出控制指令。这类物流机械设备还具有较好的信息输入输出接口，可实现信息全部、准确、可靠地在整个物流机械集成系统中的传输。物流机械设备通过系统集成，能形成不同机种的最佳匹配和组合，并可以取长补短，发挥出最佳功效。

（6）绿色化

"绿色化"是指要达到环保要求，其包括两个方面：一是与牵引动力的发展以及制造、辅助材料等有关，二是与使用有关。对于牵引动力的发展以及制造、辅助材料等，一要提高牵引动力，二要有效利用能源，减少污染排放，使用清洁能源及新型动力。对于使用，其包括对各物流的维护、合理调度、恰当使用等。

2.3.2 生产物流设备管理

物流设备管理是指以物流设备的一生为研究对象，以设备寿命周期费用最经济和设备综合效率最高为目标，动员全员参加的综合管理。它是应用一系列的理论与方法，通过一系列技术、经济组织措施，对设备的物质、运动和价值运动进行从规划、设计、制造、选型购置、安装、使用和维护修理直至报废的全过程的科学管理。

在生产的主体由人力渐渐向设备转移的今天，设备管理的好坏对企业的影响和意义是极大的。

1）设备管理直接影响企业管理的各个方面。在现代化的企业里，企业的计划、交货期和生产监控等各方面的工作无不与设备管理密切相关。

2）设备管理直接关系到企业产品的产量和质量。

3）设备管理水平的高低直接影响着产品制造成本的高低。
4）设备管理关系到安全生产和环境保护。
5）设备管理影响着企业生产资金的合理使用。在工业企业中，设备及其备品备件占用的资金往往占到企业全部生产资产的 50%~60%。

1. 物流设备的合理使用

（1）严格按规程操作设备

物流各操作规程规定了物流设备的正确使用方法和注意事项，以及对异常情况应采取的行动和报告制度。

（2）实行使用物流设备的各级技术经济责任制

操作者按规程操作，按规定交接班，按规定进行维护与保养。班组、车间、生产调度部门和企业领导都应对物流设备的正确使用承担责任，不允许安排不符合物流设备规范和操作规程的工作。

（3）严格使用制度管理

对重要的物流设备采取定人定机、教育培训、操作考试和持证上岗、交接班制度以及严肃处理设备事故等措施。

（4）实行正确使用物流设备的奖励办法

采取物质或精神等多种奖励方式提高操作者正确使用物流设备的积极性。

2. 物流设备的保养

（1）物流设备的日常保养

物流设备的日常保养是全部维护工作的基础。它的特点是经常化、制度化。一般日常保养包括班前、班后和运行中的维护保养。

参加日常保养的人员主要是操作人员。操作人员应严格按照操作规程操作，集中精力工作，注意观察物流设备的运转情况和仪器、仪表，通过声音、气体等发现异常情况。物流设备不能带故障运行，如有故障应停机及时排除，并做好故障排除记录。

物流设备的日常保养的具体内容有：保持清洁卫生，检查设备的润滑情况，定时、定点加油，紧固易松动的螺钉和零部件，检查设备是否有漏油、漏气、漏电等情况，检查各防护、保险装置及操纵机构、变速机构是否灵敏可靠、零部件是否完整。

（2）物流设备的定期保养

物流设备运行一定时间后，应由操作人员和保养人员按规范有计划地进行强制性保养，对物流设备进行全面性的维护工作，这就是物流设备的定期保养。定期保养是物流设备运行管理和状态维修、管理的重要组成部分，是使物流设备能经常保持良好技术状态的预防性措施。

物流设备的定期保养的基本内容有：对设备进行清洁和擦洗；检查、调整、紧固各操纵、传动、连接机构的零部件；对各润滑点进行检查、注油或清洗换油；调整和检查安全保护装置，保证其灵敏可靠；更换已磨损的零部件；使用相应的检测仪器和工具，按规范对主要测试点进行检测，并做好检测记录。

3. 物流设备的检查与修理

（1）物流设备的检查

1）物流设备点检的类别

① 日常点检。每日通过感官检查物流设备运行中关键部位的声响、振动、温度、油压等，

并将检查结果记录在点检卡中。

②定期点检。其时间周期的长短按设备的具体情况分为一周、半月、一月、数月不等。定期点检除使用感官外，还要使用专用检测仪表工具。定期点检主要通过对重要设备的检查来确定设备的性能状况，设备的缺陷、隐患以及设备的劣化程度，为设备的大修、项修方案提供依据。

③专项点检。专项点检是指有针对性地对物流设备的某些特定项目进行检测，通常使用专用的仪器工具，在设备运行中进行。

2）物流设备点检的方法

① 运行中检查。

② 停机检查，包括停机解体检查和停机不解体检查。

③ 凭感官和经验检查。

④ 使用仪表仪器检查。

3）物流设备点检的步骤

① 确定检查点和点检路线。检查点通常是设备的关键部位或薄弱环节。检查点确定之后，要根据物流设备的分布和类型等具体情况组织一条点检路线，并明确点检的前后顺序。

② 确定点检标准。物流设备的点检标准要根据设备的各种资料并结合实际经验来制定，点检标准要定量化，以便于检查。

③ 确定点检周期。要根据物流设备的性能、特点、寿命等实际情况，分别制定各设备的点检周期，以保证设备能按时接受检查。

（2）物流设备的修理

根据修理内容和工作量的不同，物流设备的修理可以划分成不同的类别。

1）大修。大修是指全面恢复设备工作能力的修理工作，其特征为全部或大部分拆卸、分解、修复基准件，更换或修理所有不宜继续使用的零件，整新外观，使设备精度、性能等达到或接近原出厂水平。大修全面而彻底，但耗时耗力较多，应用时应视情况按需要而定。

2）项修。项修为项目修理的简称，这里的项目是指物流设备部件、装置或某一项设备的输出参数。项修是在物流设备技术状态管理的基础上，针对物流设备技术状态的劣化程度，特别是在已判明故障的情况下，所采取的有针对性的修理活动。项修的特点是内容明确，针对性强，可节省修理时的人力、物力和费用，效果较好。

3）小修。小修是指工作量较小的修理。小修的工作内容除日常保养和定期保养的全部内容外，还要根据物流设备的磨损规律，进行机、电检修，对需要修理的部分进行分解检查、修理，更换磨损件并对磨损部位加固等。小修属局部修理，其目的在于排除故障，恢复局部功能。

大修、项修、小修三者都具有恢复物流设备技术性能和使用性能的功能，但它们的具体工作内容和范围各不相同。大修是整机全面恢复的修理，项修是局部性调整与恢复的修理，小修是排除故障性的修理。

4. 物流设备的更新与改造

物流设备的更新与改造是指对已形成固定资产的设备进行的综合性技术改造和采取的重大技术措施，是改善物流设备技术现状，调整生产力布局，挖潜提效，实现以内涵为主扩大再生产的活动。

（1）确定总则，明确物流设备改造的指导思想

以科学发展观为指导进行设备改造，要把短期目标与长期目标相结合，注重技术经济效

益，以提高物流企业现代化水平为总体目标。

（2）确定设备改造的工作范围

对不同需要的原有设备进行不同程度的技术改造，明确技术改造的机械化或自动化水平；根据设备的可再利用程度确定设备改造的工作范围；对需要在环保、节能方面改造的设备区分不同的改造要求。

（3）实施更新与改造计划项目的分级管理

更新与改造计划项目的分级管理程序分为可行性研究报告阶段、设计与审批阶段、编制与下达计划阶段、项目实验阶段、项目竣工后的验收与后评价阶段。要明确不同阶段的工作内容，科学设置管理程序与方法。

2.4 任务计划

独立查阅信息

教师活动：教师提供生产物流设备发展现状调研报告的思路。

学生活动：学生独立思考，整理报告的思维导图和逻辑关键词。

小组制订工作计划并展示

教师活动：教师要求学生小组合作制订《生产物流设备发展现状调研报告》的工作计划，把思维逻辑表达清晰。

学生活动：学生分小组讨论，小组合作完成调研报告的制定。

2.5 任务决策

实战演习任务决策

教师活动：教师选出一个学生代表进行工作计划展示。

学生活动：被选出的学生代表进行展示汇报，其他学生观察，并进行口头评价、补充、改进。

提交任务决策

教师活动：教师对每个学生的调研报告进行确认。

学生活动：每个小组制定调研报告，并在任务工作单上表述出来。

2.6 任务实施

示范操作

教师活动：教师亲自示范讲解，或者播放相关的微课视频。

学生活动：学生观察教师的示范表达。

操作实施

教师活动：教师将学生分组，并要求各组学生分工明确。在实施过程中，教师进行巡视、指导。

学生活动：学生分组，分别对相关内容进行讨论。每组5人，各自进行调研报告的说明表达。

2.7 任务检查

教师活动：教师提供任务检查单。教师要求学生分组，小组合作完成任务检查，并在任务检查单上进行标注。教师要求学生小组的成员对工作过程和工作计划进行监督和评估，记录优缺点及改进建议，并口头表述。教师要重点引导学生对小组内其他成员的支持性意见的表达，并训练学生接纳他人的建议。

学生活动：学生分组，小组合作完成任务检查，并在任务检查单上进行标注。学生按照教师的规定对小组内其他成员的工作过程提出改进建议。

2.8 任务评价

教师活动：教师归纳整理理论体系，以一页PPT展示知识点、技能点和素养点。

学生活动：学生认真反思、倾听，构建适合自己学习的知识体系。学生对照学习目标进行自我评价。

任务3 认识生产现场定置管理

微课视频
定置管理

3.1 任务描述

全员分组讨论

学生活动：学生分组，10人一组。每组展开讨论，讨论主题：对定置管理的认识。选派组长进行发言。

教师活动：教师观察学生的讨论过程，观察各组学生的表现。

全员换位评价

学生对其他小组分析说明的内容进行评价，说出其他小组所述内容的优缺点。

提交评价表

教师活动：教师要求学生根据自己对任务的讨论完成情况进行评价，并提出改进意见。

学生活动：学生在任务工作单上进行自评和互评。

3.2 任务分析

教师活动：教师提供任务工作单，通过对定置管理案例的讨论，指导学生完成对定置管理原理及实施的分析。

学生活动：根据教师提供的资料和教材内容进行查阅和讨论，并汇报成果。

3.3 理论学习

3.3.1 定置管理概述

定置管理是指企业在生产中研究人、物、场所三者之间关系的现场管理技术。

定置管理是为确定现场物品的放置而进行的设计、组织、实施、控制，从而实现生产科研作业现场过程的标准化、明朗化、规范化和科学化，是实现优化管理的重要途径，是企业提高产品质量、降低物资消耗、提高经济效益的重要措施，是 6S 管理的重要组成部分。它具有理论上的科学性、实施中的适用性和提高劳动生产效率、取得最好经济效益的可靠性。

1）"定置"是定置管理中的一个专业术语，是指根据安全、质量、效率和物品自身的特殊要求，而科学地规定物品摆放的特定位置。

2）"定置管理"是对生产现场中的人、物、场所三者之间的关系进行科学分析研究，使之达到最佳结合状态的一门科学管理方法。

定置管理之所以被称为科学，是因为它是研究物品的特定位置，从人、物、场所相互关系的内在联系上寻找解决生产现场各工序存在问题的方法，从而达到优化企业物流系统、改善现场管理、建立文明生产程序的目的。

其具体表现如图 3-14 所示。

定置管理的范围是指对生产现场物品的定置进行设计、组织、实施、调整，并使生产和工作的现场管理达到科学化、规范化、标准化的全过程。

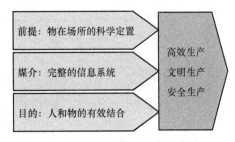

图 3-14 定置管理的具体表现

生产现场物品的定置与放置不同，两者的比较如图 3-15 所示。

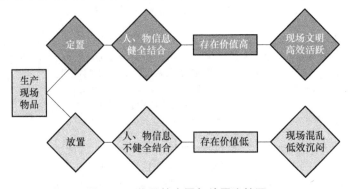

图 3-15 物品的定置与放置比较图

3.3.2 定置管理的原理

1. 人与物结合的两种方式

在工厂生产活动中,最主要的要素是人、物、场所和信息,其中最基本的是人与物的因素。在生产场所中,所有物都是为了满足人的需要而存在的,因而必须使物以一定的形式与人结合。其结合方式有两种:

1)直接结合,即人所需要的物能立即拿到手的结合。这时的物通常是指随身携带或放在身边的唾手可得之物。这种结合不需要寻找的过程,不需要由于寻找物而造成工时消耗。这是人所追求的理想结合。

2)间接结合,即人与物处于分离状态,必须依靠信息的作用才能结合。这时的物通常处于间接结合状态,是人在生产现场看不见、摸不着的,如存放在仓库的毛刷放在何处,如无确切的信息是找不到的,当然也就不可能实现结合。

2. 人、物、场所结合的三种状态

定置管理要实现人、物、场所三者的最佳结合,人要对现场中的物进行整理、整顿。人、物、场所及人、物、场所的结合可归纳为 A、B、C 三种状态(见表 3-1)。定置管理就是要通过相应的设计、改进和控制,消除 C 状态,改进 B 状态,使之都成为 A 状态并长期保持下去。

表 3-1 人、物、场所及人、物、场所的结合的三种状态

要素	A 状态	B 状态	C 状态
人	劳动者本身的心理、生理、情绪均处于高昂、充沛、旺盛的状态下;技术水平熟练,能高质量地连续作业	需要改进的状态;人的心理、生理、情绪、技术四要素中,部分要素出现了波动和低潮状态	不允许出现的状态;人的四要素(心理、生理、情绪、技术)均处于低潮状态,或某些要素处于低潮状态等
物	正在被使用的状态,如正在被使用的设备、工具、加工工件,以及被妥善、规范放置,处于随时和随手可取、可用状态的坯料、零件、工具等	寻找状态,如现场混乱,厂房不整,需要浪费时间逐一去寻找的零件与工具等物品的状态	与生产和工作无关,但处于生产现场的物品的状态,即应放弃的状态
场所	良好的作业环境,如场所中的工作面积、通道、加工方法、通风设施、安全设施、环境保护(包括温度、光照、噪声、粉尘、人的密度等)都应符合规定	需要不断改进的作业环境,如场所环境只能满足生产需要而不能满足人的生理需要,故应改进,使之既能满足生产需要,又能满足人的生理需要	应消除或彻底改进的环境,如场所环境既不能满足生产需要,又不能满足人的生理需要
人、物、场所的结合	三要素均处于良好的、和谐的、紧密结合的并有利于连续作业的状态,即良好的状态,如常移动设备、工器具、完好的备品备件、常用材料等	三要素在配置上、结合程度上还有待进一步改进,还未能充分发挥各要素的潜力,或者部分要素处于不良好的状态等,即需要改进的状态,如待检验半成品、待修复的零部件或使用频次较少的物品(搬运工具、消防器材)等	要取消或彻底改善的状态,即严重影响作业、妨碍作业、不利于现场生产与管理的状态,如生产现场中的废品、边角料、报废的设备

定置管理就是把"物"放置在固定的、适当的位置。但对"物"的定置,不是把物拿来定一下位就行了,而是从安全、质量和物的自身特征进行综合分析,以确定物的存放场所、存放姿态、现货表示等定置三要素的实施过程,因此要对生产现场、仓库料场、办公现场定置的全

过程进行诊断、设计、实施、调整、消除,使之管理达到科学化、规范化、标准化。定置管理的核心就是尽可能减少和不断清除 C 状态,改进 B 状态,保持 A 状态,同时还要逐步提高和完善 A 状态。

3. 定置的两种基本形式

1)固定位置,即场所的固定、物品存放位置的固定、物品的信息媒介物的固定,适用于那些在物流系统中周期性地回归原地,在下一生产活动中重复使用的物品。

2)自由位置,即相对地固定一个存放物品的区域,适用于物流系统中那些不回归、不重复使用的物品。

3.3.3 定置管理的实施

1. 定置管理的开展程序

定置管理的开展程序如图 3-16 所示。企业可按自己的实际情况进行调整制定。

图 3-16 定置管理的开展程序

2. 定置管理的标准

(1)制定定置管理标准

1)制定定置管理标准的目的

① 使定置管理标准化、规范化和秩序化。

② 使定置工作步调一致,有利于企业统一管理。

③ 使定置管理工作检查有方法、考核有标准、奖罚有依据,能长期有效地坚持下去。

④ 培养员工良好的文明生产和文明操作的习惯。

2)定置管理标准的主要内容

① 定置物品的分类规定。企业从自己的实际出发,将生产现场的物品分为 A、B、C 三类,以使人们直观而形象地理解人与物的结合关系,从而明确定置的方向。

② 定置管理中信息铭牌的规定。信息铭牌是放置在定置现场,表示定置物所处状态、定置类型、定置区域的标示牌,应按照企业统一规定的尺寸、形状、高低来制作,做到标准化。但要注意检查现场的定置区域是不含有制造的区域,其划分和信息应符合统一规定。

③ 检查现场区域划分的规定及符号:

- 成品、半成品待检区:☐。
- 返修品区:→。
- 待处理品区:○。
- 废品区:✕。
- 成品、半成品合格区:∨。
- 成品、半成品优等品区:∨。

信息符号应简单、易记、鲜明、形象,具有可解释性。

（2）定置管理的颜色标准

颜色在定置管理中一般用于两种场合。一种是用于现场定置物分类的颜色标志；另一种是用于现场检查区域划分的颜色标志。前者如用红、蓝、白三种颜色表示物品的 A、B、C 分类；后者如将现场检查区域分别规定其颜色，并涂在标准的信息铭牌上：蓝色表示待检查品区；绿色表示合格品区；红色表示返修品区；黄色表示待处理品区；白色表示废品区。

（3）可移动定置物的符号标准

可移动定置物在定置图中采用标准符号表示法，从而使定置图清晰、简洁、规范，且可使各部门之间简化手续，研究定置情况。例如：BC 表示搬运车；GX 表示工具箱；GT 表示工作台；WG 表示文件柜；MQ 表示灭火器。

3. 定置管理的设计

定置管理的设计是优化定置的关键环节，包括系统设计、通用设计、特殊设计、定置图设计。系统设计是指对整体优化的总体设计，通用设计是指对工厂布置的细化设计。接下来将着重分析特殊设计（信息媒介物设计）和定置图设计。

（1）特殊设计（信息媒介物设计）

1）关键词提示。信息媒介物就是在人与物、物与场所合理结合过程中起指导、控制和确认等作用的信息载体。定置管理中的各种信息媒介物是很重要的，实行定置管理，必须重视和健全各种信息媒介物。建立人与物之间的连接信息，是定置管理这一管理技术的特色。能否按照定置管理的要求，认真地建立、健全连接信息系统，并形成通畅的信息流，有效地引导和控制物流，是推行定置管理成败的关键。

2）信息媒介物的表示如图 3-17 所示。

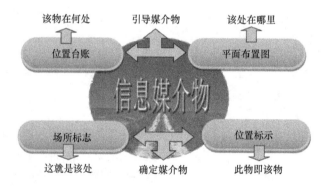

图 3-17　信息媒介物的表示

3）信息媒介物的设计要求。位置台账齐全；场所设有定置图；场所标志清楚；存放物的序号、编号齐备；信息标准化。

（2）定置图设计

1）关键词提示。定置图就是运用形象的图示来描述生产现场中的人、物、场所之间的关系的一种工具。定置图是判断定置正确与否，以及对定置结果进行对比、检查的依据标准。

2）定置图设计的原则。现场中的所有经过整理、整顿后的物品均应绘制在图上；定置图绘制以简明、扼要、完整为原则，物形为大概轮廓，尺寸按比例，相对位置要准确，区域划分要清晰鲜明；生产现场暂时没有，但已定置并决定制作的物品，也应在图上表示出来，准备清理的无用之物不得在图上出现；定置物可用标准信息符号或自定信息符号进行标注，并均在图上加以说明；定置图应按定置管理标准的要求绘制，但应随着定置关系的变化而进行修改；设计定置图应先以设备作为整个定置图的参照物，然后依次画出加工零件等其余定置物的位置。

3）关键提示。有图必有物，有物必有区，有区必挂牌，有牌必分类；按图定置，按类存放，账、图、物一致。

4. 定置管理的总要求

1）简单明了的流向，可视的搬运路线。
2）最优的空间利用，最短的运输距离。
3）最少的装卸次数，切实的安全防护。
4）最大的操作便利，最少的心情不畅。
5）最小的改进费用，最广的统一规范。
6）最佳的灵活弹性，最美的协调布局。

5. 定置管理的注意事项

1）刚开始大家摆放得很整齐，可是不知从谁、从什么时候开始，慢慢又乱了。
2）识别的手法只有自己看得懂，别人看不懂，或识别手法不统一，有和没有一样。
3）摆放位置今天换一个地方，明天又换一个地方，很多人来不及知道。
4）一次搬入现场的物品太多，连摆放的地方都没有。

6. 定置检查与考核

定置检查与考核是巩固定置成果，并不断发展的重要步骤。要建立检查考核制度，制定检查考核办法，按标准进行奖惩，以实现定置管理的长期化、制度化、标准化。考核的基本指标是定置率，它表明生产现场中必须定置的物品已经实现定置的程度，其计算公式：定置率 = 实际定置的物品个数 / 定置图规定的物品个数 ×100%。为保证定置管理的有效进行，坚持执行定置检查与考核制度是必要的。

3.4 任务计划

案例研读

教师活动：教师提供定置管理案例并进行初步解析。
学生活动：学生独立阅读和研究教师提供的教学案例，结合所学知识对案例进行分析。

小组输出问题答案

教师活动：教师要求学生小组合作回答针对案例提出的问题。
学生活动：学生分小组讨论，小组合作整理案例问题的答案。

3.5 任务决策

教师活动：教师指导学生小组对案例的问题分析进行分工，确定小组成员的角色及工作任务。
学生活动：小组成员在组长的带领下分工整理问题答案。

3.6　任务实施

教师活动：在小组分工协作时，教师进行巡视、指导。

学生活动：学生分小组对案例问题答案进行整理，两组间进行答案的说明表达，分别对其进行评价和监督，最终等待教师选派部分小组上台进行汇报。

3.7　任务检查

教师活动：教师提供任务检查单。教师要求学生分组，小组合作完成任务检查，并在任务检查单上进行标注。教师要求学生小组成员对工作过程和工作计划进行监督和评估，记录优缺点及改进建议，并口头表述。教师要重点引导学生对小组内其他成员的支持性意见的表达，并训练学生接纳他人的建议。

学生活动：学生分组，小组合作完成任务检查，并在任务检查单上进行标注。学生按照教师的规定对小组内其他成员的工作过程提出改进建议。

3.8　任务评价

教师活动：教师归纳整理理论体系，以一页 PPT 展示知识点、技能点和素养点。

学生活动：学生认真反思、倾听，构建适合自己学习的知识体系。学生对照学习目标进行自我评价。

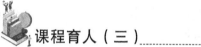

课程育人（三）

"打天下易，守江山难"，6S 管理贵在坚持！在 6S 管理的推进期间，每个员工都要同心协力，自觉地遵守规定和改善工作习惯，不能松懈。在取得一定的成绩或成效后，员工们往往会觉得自己可以歇口气、喘口气，可以终止了，但正是因为这种想法，容易使已取得的 6S 管理效果滑落，慢慢又回到改善前的老样子。所以 6S 管理贵在坚持，但想要很好地坚持 6S 管理，必须将 6S 管理做到标准化和制度化，让它成为员工工作中的一部分。

在工作和生活中，我们不能因为一时的得失而迷失前进的方向。古语有云："骐骥一跃，不能十步；驽马十驾，功在不舍。锲而舍之，朽木不折；锲而不舍，金石可镂。"只有认准目标，坚持不懈，才会迎来胜利的曙光。

此外，加强车间和工厂的定置管理，有利于促进现场文明生产水平的提高，做到工厂环境统一、规范、整洁、安全。安全生产是企业发展的重要保障，这是我们在生产经营中贯彻的一个重要理念。企业是社会大家庭中的一个"细胞"，只有抓好自身的安全生产、保一方平安，才能促进社会大环境的稳定，进而为企业创造良好的发展环境。

此外，定置管理不仅有利于改善工作环境和生产现场管理的标准化，还可以促进工作质量和效率的提高。我们也可以把定置管理的理念和方法应用到学习和工作中，培养良好的行为规范，提高工作效率和生活质量。

项目 4
生产物料管理

教学准备

教学情境准备

教师活动：由教师指导对整个班级进行分组，并由各小组讨论，选举出组长。教师安排组长负责小组管理，如分配、分解任务，小组团队建设，班内的协调工作等。

学生活动：组长根据对作业指导书及相关资料的学习，通过小组讨论分解、分配任务，同时组长担任任务完成检查员。

教学目标准备

素养点：
1. 在小组中能够良好地表达自我，并懂得倾听他人
2. 能够阅读相关的教学资料
3. 通过查阅资料能够使用工具
4. 能够形成完善的逻辑思维
5. 能够独立工作
6. 能够参与小组合作
7. 能够与他人进行有效的沟通和交流

知识点：
1. 物料盘点
2. 不良品管理

3. 现场物料配送

技能点：

1. 能编撰物料盘点作业规范
2. 掌握不良品处理流程
3. 掌握 8D 问题求解法解决产品质量问题
4. 能灵活运用现场物料配送的有关知识对案例进行综合分析
5. 能编撰车间现场物料配送改善方案

资料清单

1. 教材和电子课件
2. 任务工作单
3. 物料盘点案例
4. 某公司产品质量问题案例
5. 现场物料配送案例
6. 评价表

任务 1　认识物料盘点

1.1　任务描述

全员分组讨论

学生活动：学生分组，10 人一组。每组展开讨论，讨论主题：对物料盘点的认识。选派组长进行发言。

教师活动：教师观察学生的讨论过程，观察各组学生的表现。

全员换位评价

学生对其他小组分析说明的内容进行评价，说出其他小组所述内容的优缺点。

提交评价表

教师活动：教师要求学生根据自己对任务的讨论完成情况进行评价，并提出改进意见。

学生活动：学生在任务工作单上进行自评和互评。

1.2 任务分析

教师活动：教师提供任务工作单，通过对物料盘点案例的讨论，指导学生完成对物料盘点概念、内容及分类的分析。

学生活动：根据教师提供的资料和教材内容进行查阅和讨论，并编撰物料盘点作业规范。

1.3 理论学习

物料盘点是一个公司资产管理员的核心业务之一，做好物料盘点工作，不仅可以做到物料数量心中有数，还能及时发现物料在存储过程中出现的问题，以便随时进行改进。接下来，我们将对物料盘点过程中的一些重要知识进行讲解。

1.3.1 物料盘点概述

1. 物料盘点的概念

物料盘点是指资产管理员对汽车配件的库存数量进行核对，清点实物库存，查对账目数，核对账实是否一致、有无差错，零部件有无变质、失效、残损和滞销等情况。

2. 物料盘点的内容

在物料盘点的过程中，资产管理员必须做好以下三项工作，才能保证物料盘点的有效性。

首先是清点物料数量，生产一台汽车所需的零部件有上万种，那对每一种都要清点数量吗？当然不是。一般需要仔细清点数量的零部件都是高价品，或者体积相对较大的物品，而螺栓等易损耗品，只需要用称重的方式对数量进行预估即可。

其次是核对所盘点的物料实物数量与物料管理系统上现存的账上数量是否一致，如有差异，必须进行差异分析，特别是高价品，必须保证账实一致。实物丢失或者损耗不一定是差异造成的，也有可能是系统出错，或者系统出库与实物出库的时间节点不一致造成的。

最后是核对账与账是否一致，由于所有的部品库存都涉及库存金额，因此在支付零部件供应商货款时，需要做到账账一致，确保不会给公司造成损失。

3. 物料盘点的分类

根据盘点时间以及盘点的必要性，目前汽车企业的盘点可分为三类：日常盘点、定期盘点和重点盘点。

（1）日常盘点

日常盘点是一种不定期的局部盘存，通常是对动态出入库的零部件进行清点和复核，根据管理要求可自行组织安排。

（2）定期盘点

定期盘点是指管理者根据需要和公司的整体安排，对现有物流库存进行定期盘查和核对，一般在月末、季末、年末进行，核对后一般要做出"已盘"的标记。

（3）重点盘点

重点盘点是根据工作需要，为某种特定的目的对仓库物资进行盘存和检查，如因工作调动、意外事故、部品丢失、仓库搬迁等进行的盘存。

4. 物料盘点的目的

物料盘点是有目的性的，它是资产管理员在进行物料管理工作中不可或缺的重要手段，它的主要目的有以下几种：

1）清点库存物资的实际数量，做到账、卡和实物对口。
2）查明库存物资的名称、型号、规格是否与实际相符，质量是否完好，配套是否齐全。
3）查明超过保管期限、长期积压物资的名称、规格和数量，以便处理。
4）检查库存物资盘盈或盘亏数量，并分析发生盈亏的原因，以改进工作。

1.3.2 组织物料盘点

1. 物料盘点的准备

物料盘点是一项重要且严谨的工作，在进行盘点之前，一般会进行以下准备工作，以确保盘点工作的有序开展。

1）制订盘点计划。根据盘点的紧急程度，一般在盘点开始前一周制作盘点计划书，计划中需要明确盘点时间、盘点人员、关联部门配合及注意事项等。
2）制作盘点表。盘点表中需要包含盘点零件信息（零件号、零件名、存放位置）、盘点数量（初盘数量、复盘数量）、盘点人员（初盘人、复盘人）信息等。
3）明确盘点人员。初盘人负责盘点过程中零件的确认和点数，正确记录盘点表，将盘点数据记入"盘点数量"一栏。复盘人在初盘后，对零件进行复盘，将盘点计入"复盘数量"一栏。

2. 物料盘点的步骤

物料盘点由公司的物料管理人员进行组织，他们根据盘点的目的安排盘点人员进行物料盘点，一般物料盘点分为以下几个步骤：

1）初盘。初盘是指公司的物料管理人员根据盘点计划安排初盘人员对其所负责的区域进行盘点，按零件储存的先后位置逐箱进行盘点。初盘人员在零件数量清点完毕确认无误后，在盘点表中记录盘点数量，同时在"盘点卡"中做好标识，表示已经记录盘点数量。初盘人员按上述流程完成其所负责区域内的所有零件的盘点。初盘完成后，初盘人员检查所有零件是否都已盘点，贴在箱上的"盘点卡"是否有表示已记录盘点数据的标识。确认完毕后，在"初盘点表"上签字确认，将盘点数据复印存档并将盘点数据发给指定复盘人进行复盘。

2）复盘。复盘是指复盘人员根据初盘盘点流程对所有零件的盘点数量进行二次确认，如确认初盘数量无误，"盘点表"中的复盘数量不用填写；如确认初盘数量有误，复盘人在"盘点表"中复盘数量位置填入正确的数量。复盘完成后，复盘人员与初盘人员对盘点有差异的数据当面进行核对，并确认是否所有零件都已复盘，贴在箱上的"盘点卡"是否有复盘标识。核对完成后，将正确数量填入盘点表的"复盘数据"一栏中，如已填写，确认无误后予以修改。所有流程完成后，复盘人员签字确认，并将盘点表移交仓储部门保管。

3）盘点注意事项。盘点时禁止目测数量、估计数量；盘点时注意零件摆放，盘点后对零件进行整理，保持原来的或合理的摆放顺序；盘点时确保盘点的准确性，避免发生重盘、漏盘、错盘现象；盘点结束后注意"盘点表"的保存，避免遗失。

4）结果分析。仓储部门下载系统库存数据，根据盘点数据和系统基础库存对盘点结果进行分析，制作盘点差异表，汇总盘点差异零件信息及差异情况（包括差异数量和差异金额）。针对盘点差异零件，调查差异原因。将初盘、复盘结果，差异情况，差异原因分析，及后续的改善方案汇总制作成盘点报告，报领导审批，同时抄送财务部门，最终报总经理审批。审批完成后，对差异数据进行系统库存调整。

1.3.3 案例分析

某工厂年末盘点结果：A 螺栓实物 4000 件，系统库存 10000 件；B 螺栓实物 16000 件，系统库存 10000 件。分析盘点结果，A 螺栓盘亏 6000 件，B 螺栓盘盈 6000 件。两种螺栓用于生产线的同一工位，且两种螺栓外观相似，调查中发现生产线中存在两种螺栓混用的情况，将 A 螺栓混用为 B 螺栓，导致 A 螺栓盘亏，B 螺栓盘盈。

仓储管理部门在盘点报告审批完成后对系统账目进行调整，A 螺栓账目库存减少 6000 件，B 螺栓账目库存增加 6000 件。同时向生产部门反馈，使其对装配工艺进行调整，以避免这两种相似的螺栓在同一工位组装。

某工厂在月末盘点过程中发现，某带胶螺栓的部分产品已过保质期（6 个月），带胶螺栓主要起密封及紧固作用，产品过期会影响其密封性能，因此仓储部门在第一时间对过期产品进行隔离，避免其流入生产线。

调查过程中发现，该螺栓为进口产品，进口周期 2~3 个月，管理部门根据生产预测计划订货，但后期因为市场变化，该螺栓用量降低、库存增加，发生过期情况。

调查完毕后，对该过期螺栓进行报废处理，在后期管理过程中控制该螺栓的订货数量，增加订货频率，根据生产计划及时调整订货数量，避免上述情况再次出现。最后在盘点报告审批完成后，对系统账目进行调整，减少过期数量，确保账目与实物一致。

1.4 任务计划

情景导入

教师活动：教师提供物料盘点案例并进行初步解析。
学生活动：学生独立阅读和研究教师提供的案例资料。

小组输出作业规范框架

教师活动：教师要求学生小组合作输出某仓库物料盘点作业规范的思路及框架。
学生活动：学生分小组讨论，小组合作完成某仓库物料盘点作业规范的框架，包括场景预设、主题及方向等。

1.5 任务决策

教师活动：教师指导学生小组对某仓库物料盘点作业规范的撰写工作进行分工，确定小组成员的角色及工作任务。
学生活动：小组成员在组长的带领下分工完成作业规范的撰写。

1.6 任务实施

教师活动：在小组分工协作时，教师进行巡视、指导。

学生活动：学生分小组完成某仓库物料盘点作业规范的撰写，两组间进行作业规范的说明表达，分别对其进行评价和监督，最终等待教师选派部分小组上台进行汇报。

1.7 任务检查

教师活动：教师提供任务检查单。教师要求学生分组，小组合作完成任务检查，并在任务检查单上进行标注。教师要求学生小组成员对工作过程和工作计划进行监督和评估，记录优缺点及改进建议，并口头表述。教师要重点引导学生对小组内其他成员的支持性意见的表达，并训练学生接纳他人的建议。

学生活动：学生分组，小组合作完成任务检查，并在任务检查单上进行标注。学生按照教师的规定对小组内其他成员的工作过程提出改进建议。

1.8 任务评价

教师活动：教师归纳整理理论体系，以一页PPT展示知识点、技能点和素养点。

学生活动：学生认真反思、倾听，构建适合自己学习的知识体系。学生对照学习目标进行自我评价。

任务2 认识不良品管理

2.1 任务描述

微课视频
生产不良品管理

全员分组讨论

学生活动：学生分组，10人一组。每组展开讨论，讨论主题：对不良品管理的认识。选派组长进行发言。

教师活动：教师观察学生的讨论过程，观察各组学生的表现。

全员换位评价

学生对其他小组分析说明的内容进行评价，说出其他小组所述内容的优缺点。

提交评价表

教师活动：教师要求学生根据自己对任务的讨论完成情况进行评价，并提出改进意见。

学生活动：学生在任务工作单上进行自评和互评。

2.2 任务分析

教师活动：教师提供任务工作单，指导学生深入学习 8D 问题求解法。
学生活动：根据教师提供的资料和教材内容进行查阅和讨论，并形成系统化逻辑思维。

2.3 理论学习

2.3.1 不良品概述

不良品是指不符合产品质量标准或订货合同所规定的技术要求的产品。

不良品的存在，对企业的发展及其产品质量都会造成很大的影响，如何通过有效的方法控制不良品的产生，是当前企业面临的一个重要课题。不良品的存在会给生产带来困难：挑选、维修、返工等造成人员、工时的增加，进而增加生产成本，降低产品竞争力；生产过程难以控制，造成产品品质水平下降，甚至遭到客户的投诉、索赔。

控制不良品可以提高产品的整体品质水平，提高生产效率，提高竞争力，增强客户信心，促进企业的业务增长，改进经营状况。

1. 不良品的分类

不良品按不合格程度可以分为返修品、回用品、次品和废品。

1）返修品：产品或零件不符合产品图样和工艺规程的技术要求，但经过修理，有可能达到合格要求的不合格品。

2）回用品：产品或零件不合格，但其有缺陷的项目和超差数值对产品的性能、寿命、安全性、可靠性、互换性及用户的正常使用均无明显影响，可由生产部门或责任单位提出回用申请报告，经有关部门审批同意回用的不合格品。

3）次品：产品或零件不合格，但其还具有使用价值，经有关部门会签，企业主管批准，可以降级或降价处理的不合格品。

4）废品：产品或零件不合格，既不能修复，又不能回用，必须废弃的不合格品。

2. 不良品产生的原因

不良品的产生主要集中在产品开发设计、工艺编制和控制、设备和检测器具管理、材料与配件管理、生产作业管理、检验员检验等主要环节。

（1）在产品开发设计环节产生的

1）采用的质量标准不准确或不完善。

2）产品设计图样绘制不规范、不清晰，标码不准确。

3）设计图纸和技术文件废弃、更换和修改等管理不善，造成加工过程中误用、乱用。

（2）在工艺编制和控制环节产生的

1）工艺编制、审校不严而导致选用设备、工、夹、量、刃具不当或工装设计有差错。

2）选用的工艺基面不当，造成与设计基面不协调。

3）工艺编写不规范，尺寸、公差标注不清晰，如易发生"b"与"6"相混淆的差错。

4）工艺规程修改不规范，如只改尺寸、公差标准，不改图形。

5）现场在用的旧工艺已油污、破损、模糊不清，不及时更换，易看错。

（3）在设备和检测器具管理环节产生的

1）设备的维修、保养不当，造成设备精度丢失。

2）设备安装、调试不当或设备的加工能力不足。

3）量具、量仪的测量能力不足。

4）量具、量仪未按周期检修或维护保养不当，造成测量误差大。

（4）在材料与配件管理环节产生的

1）使用因长期存放而变质的原材料或配件。

2）材料或配件领错、发错。

3）使用让步接收的材料或配件。

4）代用材料选用不当。

（5）在生产作业管理环节产生的

1）生产管理人员重产量、轻质量，指挥失误。

2）操作人员的思想和技术素质低或未经培训上岗；

3）操作人员缺乏自主管理质量的意识。

（6）在检验员检验环节产生的

1）检验员的思想和技术素质低或未经培训上岗。

2）检验员粗心大意或质量意识差。

3）技术标准、图纸和工艺不完善、含糊不清，使检验员误判。

3. 不良品的处理流程

（1）识别不良品

根据产品标准、客户要求、工艺文件、检验文件、样板或有效的封样、上级的交代与叮嘱来判断产品是否合格。

（2）标识不良品

为了确保不良品在生产过程中不被误用，工厂所有的外购货品、在制品、半成品、成品以及待处理的不良品均应有品质识别标识。

1）选择标识物

① 标识牌。标识牌是由木板或金属片做成的小方牌，按货品属性或处理类型将相应的标识牌悬挂在货物的外包装上加以标示。根据企业标识需求，标识牌可分为"待验牌""暂收牌""合格牌""不合格牌""待处理牌""冻结牌""退货牌""重检牌""返工牌""返修牌""报废牌"等。标识牌主要适用于大型货物或成批产品的标示。

② 标签纸或卡片。该类标识物一般为一张标签纸或卡片，其通常也被称为"箱头纸"。在使用该类标识物时，将货物判别类型标注在上面，并注明货物的品名、规格、颜色、材质、来源、工单编号、日期、数量等内容。在标示品质状态时，质检员按物品的品质检验结果在标签纸或卡片的"品质"栏盖上相应的QC（质量控制）标示印章。图4-1所示为不良品标签。

③ 色标。色标一般为一张正方形（2cm×2cm）的有色粘贴纸。它可直接贴在货物表面规定的位

图4-1 不良品标签

置,也可贴在产品的外包装或标签纸上。色标的颜色一般包括绿色、黄色、红色三种,它们分别有不同的意义(见表4-1)。

表4-1 色标的分类

颜色	意义	位置
绿色	代表受检产品合格	一般贴在货物表面右下角易于看见的地方
黄色	代表受检产品的品质暂时无法确定	一般贴在货物表面右上角易于看见的地方
红色	代表受检产品不合格	一般贴在货物表面左上角易于看见的地方

2)不良品标识要求。在生产现场的每台机器、每个装配工作台、每条包装线或每个工位旁边一般应设置专门的"不良品箱"。

① 对于员工自检出的或班组长在巡检中判定的不良品,班组长应让员工主动地将其放入"不良品箱"中,待该箱装满时或该工单产品生产完成时,由专门的员工清点数量。

② 在容器的外包装表面指定的位置贴上"箱头纸",经所在部门的质检员盖"不合格"字样或"REJECT"(不合格)印章后搬运到现场划定的"不合格"区域整齐摆放。

4. 不良品的隔离

经过标识的不良品应放置在有隔离措施的场所,其中,隔离措施应能保证不良品可以容易地被识别,或不容易被错误使用。

(1)不良品区域的设置

1)在各生产现场(制造、装配或包装)的每台机器或拉台的每个工位旁边,均应配有专用的不良品箱或袋,用来收集生产中产生的不良品。

2)在各生产现场(制造、装配或包装)的每台机器或拉台的每个工位旁边,要专门划出一个专用区域用来摆放不良品箱或袋,该区域为"不良品暂放区"。

3)各生产现场和楼层要规划出一定面积的"不良品摆放区",用来摆放从生产线上收集的不良品。

4)所有的"不良品摆放区"均要用有色油漆进行画线和文字注明,区域面积的大小视该单位产生不良品的数量而定,如图4-2所示。

图4-2 不良品摆放区

（2）不良品标识的放置

1）对于已做过判定的不良品，在所在的责任班组或责任人员无异议时，由责任班组安排人员将其集中打包或装箱。质检员在每个包装物的表面盖"REJECT"印章后，由班组现场人员送到"不良品摆放区"，按类型堆栈、叠码。

2）对于质检员判定的不良品，责任班组有异议时，由班组长与其所属部门的质检组长以上级别的品质管理人员进行交涉，直至异议公平、公正解决为止。

（3）不良品区域的管制

1）对于不良品区域内的货物，在没有品质部的书面处理通知时，任何部门或个人不得擅自处理或运用不良品。

2）不良品的处理必须由品质部监督进行。

5. 记录不良品

为方便对不良品的分析和追溯，分清处理责任，应对不良品及时准确的记录。现场班组长或质检员应将当天产生的不良品数量如实地记录在当天的巡检报表上，同时对当天送往"不合格区"的不良品进行分类，并详细地填写在不良品记录表上，经生产部门或班组签字确认后交品质部存查。不良品记录表见表4-2。

表 4-2 不良品记录表

登记部门	登记者	不良品来源	物料类别	客户/供应商	数量	物料编号	物料名称	不良问题简述	处理方式	确认者	处理日期
		□内部 □退货 □供应商	□半成品 □成品 □其他						□报废 □返工 □其他		
		□内部 □退货 □供应商	□半成品 □成品 □其他						□报废 □返工 □其他		
		□内部 □退货 □供应商	□半成品 □成品 □其他						□报废 □返工 □其他		
		□内部 □退货 □供应商	□半成品 □成品 □其他						□报废 □返工 □其他		
		□内部 □退货 □供应商	□半成品 □成品 □其他						□报废 □返工 □其他		
		□内部 □退货 □供应商	□半成品 □成品 □其他						□报废 □返工 □其他		

6. 评审不良品

1）进货检验：经检验主管以上级别的人员签署处置意见（必要时要组织技术、生产、供应链的相关部门进行评审）。

2）过程检验：对于批量不良品，质量管理部组织相关部门和相关人员进行评审。

3）最终检验：质量管理部负责人审批处置结论，必要时，技术部参与评审。

7. 处置不良品

（1）进货不良品的处置

1）退货：被评审为退货的不良品，由采购部门进行退货处理。

2）挑选使用：质检员在投入使用前将其中无法使用的部分进行挑选并标识、隔离，其余零件经复检合格后按合格品投入使用。

3）对于连续提供多批不良品的供方，将安排人员对其审查并在以后对其提供的产品加严检验，并要求其采取相应的纠正预防措施。

（2）过程不良品的处置

1）返工返修：对于各生产工序过程中所产生的不良品，如能采取某种措施进行返工处置的就需要进行返工处置，可转至返工返修区处理或交相关责任单位与个人进行返工，返工后的产品由质检员进行检验，经检验合格后才能进入下一道工序。

2）让步接收：车间填写让步申请单，经技术部审批，提出技术与质控措施后让步使用。

3）报废：检验员通知废品所在部门，让其填写废品报废单，由检验员签署报告，交质量管理部批准。

（3）最终不良品的处置

整批返工：对于可追溯到批次甚至具体不良品的可部分返工或挑选部分返工处理。

终检处理要注意，所有产品返工后需要重新检验与确认，并做好相应的记录，合格后方可放行并强化对可标识性的管理。

2.3.2 不良品的预防措施

1. 管理人员

1）对一线操作人员要有质量意识、技术水平、文化素质、产品熟练程度等方面的要求。管理内容：明确岗位职责，提供必要的培训，提高人员的任职能力，鼓励人员参与改进。

2）质检员是一线的质量控制人员，对避免或减少批量不良品发挥着重要的作用。质检员应有良好的事业心、责任心，以及敬业爱厂等职业道德；具有一定的文化程度与较高的产品知识以及丰富的工作经验；具有分析和判断能力；严格按要求（标准、工艺、图样）实施检验；按制度对不良品进行管理；掌握质量动态，完善检验系统；有较强的质量统计工作能力，可承担维护量具与检测仪器的管理工作。

2. 保养仪器、设备

仪器、设备的精度保持性、稳定性和性能可靠性等，都会直接影响加工产品的质量特性的波动幅度。

（1）日常保养（润滑保养）

1）定点：根据润滑图表上指定的部位、润滑点、检查点来加油、换油等。

2）定质：确定润滑部位所需油料的品种、品牌及质量要求。

3）定期：按润滑规定的时间来加油。

4）定人：专人负责。

（2）二级保养（与设备操作员和维修人员共同完成）

1）全面清扫、清洗设备的相关附件及装置。

2）拆卸并检查设备的局部和重点部位，彻底清除油污。

3）检查设备的磨损情况，更换辅助配件，调整或稳固易松动的部位。
（3）专门保养（由维修或专业人员完成）
1）对设备进行整体或部分解体检查和修理。
2）对设备的重要部位进行清洗并换油。
3）修复或更换易损件。
4）检查、调整、修复设备的精度，校正水平。

3. 作业指导书的编制和管理

1）生产现场的作业指导书包括生产过程控制程序、生产工艺流程图、工序作业指导书、设备操作说明、成品检验规范、BOM（物料清单）表。

2）生产工艺流程图包括生产总工艺流程图和分工序流程图。生产工艺流程图要包括所有的工艺流程，突出关键和重要工序，注明生产条件和控制要求。当工艺变更时，要对流程图进行修订。

3）工序作业指导书的内容包括内容工序名称、适用产品、使用设备/工具、使用材料、操作步骤、控制要点、生产安全注意事项、自互检内容。其编制要点包括简洁清楚、要点突出、图表化。对作业指导书的管理事项包括编制、使用控制、分类、建立清单、修改、作废、保管等。

4. 异常作业的控制

1）人员变更：按作业指导书的要求对人员实施培训，直至合格。
2）设备变更：对首件产品进行确认和检验，合格后方可进行小批量和大批量生产。
3）材料变更：修改作业指导书或工艺参数控制要求，进行试产，考虑旧材料的调配使用和不可使用的旧材料的报废处理。
4）工艺方法的变更：修改作业指导书，培训员工。

5. 其他

做好过程控制；做好现场管理，开展 6S 管理；做好自检、互检、巡检，包括首件确认；做好工装技术革新工作；做好设计工作，确保产品设计是正确与有效的。

2.3.3　8D 问题求解法

1. 8D 的起源

在第二次世界大战期间，美国政府率先采用了一种类似 8D 的流程——"军事标准1520"，它又被称为"不合格品的修正行动及部署系统"。1987 年，福特汽车公司（以下简称福特）首次书面记录了 8D 法，该方法在其一份课程手册中被命名为 TOPS（Team Oriented Problem Solving），即"团队导向问题解决法"。8D 问题求解法（8D Problem Solving）中的 D 是 Discipline（步骤、原则）的首字母。当时，福特的动力系统部门正在被一些经年累月、反复出现的生产问题弄得焦头烂额，因此其管理层邀请福特集团提供指导课程，帮助其解决难题。8D 最先在福特内部使用，该方法成熟后福特逐渐要求其供应商在遇到问题时也用此方法。后来 8D 名气大了，其他汽车公司也移植了福特的做法，使之成为汽车行业的标准方法。再后来 8D 家喻户晓，被应用于各行各业。8D 不仅可以解决工作问题，也可以有效解决家庭生活问题。

2. 8D 的实施

8D 是指解决问题的 8 条基本准则（或称 8 个工作步骤），但在实际应用中却有 9 个步骤。
（1）D0：征兆紧急反应措施

1)目的：看此类问题是否需要用 8D 来解决。这一步是针对问题发生时的紧急反应。

2)关键要点：判断问题的类型、大小、范畴等。与 D3 不同，D0 是针对问题发生的反应，而 D3 是针对产品或服务问题本身的暂时应对措施。

3)详解：根据现象评估是否有必要开启 8D 过程。如果有必要，那就采取紧急反应行动来保护顾客，并开启 8D 过程。8D 过程可以区别症状和问题。

（2）D1：成立小组

1)目的：成立一个小组，小组成员具备工艺/产品的知识，有配给的时间并授予了权限，同时应具有所要求的能解决问题和实施纠正措施的技术素质。小组必须有一个指导和小组长。

2)关键要点：成员资格（要具备工艺、产品的知识）、目标、分工、程序、小组建设。

3)详解：没有团队的 8D 是失败的 8D。8D 小组需要由具备产品及工艺知识、能支配时间且拥有职权及技能的人员组成。同时需要指定一名 8D 团队组长作为小组负责人。

（3）D2：说明问题

1)目的：用量化的术语详细说明与该问题有关的内/外部顾客的抱怨，如内容、地点、时间、程度、频率等。

2)关键要点：收集和组织所有的相关数据以说明问题；问题说明是对所描述问题的特别有用的数据的总结；审核现有数据，识别问题、确定范围；细分问题，将复杂问题细分为单个问题；问题定义，找到与顾客所确认的问题一致的说明。

3)详解：通过确定可定量化的项（谁、什么、何时、何地、为什么、如何、多少）来识别对象和缺陷（问 "什么出了什么问题"）："什么问题" 是缺陷；"什么出了问题" 是对象；问 "什么出了什么问题" 能够帮助小组以问题陈述所需的两个基本要素（对象和缺陷）为中心。下面介绍 5W2H 分析法。

① Who：谁发现的问题？
② When：什么时间发现的问题？
③ Where：在何处发现的问题？
④ What：有什么问题发生？
⑤ Why：问题为何发生？
⑥ How：问题如何发生？
⑦ How many：问题发生的程度如何？

4)收到客户不良样件的操作流程

① 确认不良样件生产日期。
② 确认外观基本情况，拍照留下证据。
③ 按正常生产流程确认不良样件是否能再现，记录下确认数据，拍照或录视频留下证据。
④ 根据生产日期查找当时 FTT 情况，确认当时是否有同样或类似不良。
⑤ 根据生产日期确认人、机、料、法、环、管理等有无变化点。
⑥ 不再现时（NTF）按不再现操作流程进行。

（4）D3：实施并验证临时控制措施

1)目的：保证在永久纠正措施实施前，将问题与内/外部顾客隔离。

2)关键要点：评价紧急响应措施，找出和选择最佳的 "临时抑制措施"，决策，实施，并做好记录，验证。

3)详解:确定并实施遏制措施,隔离问题的后果与一切内/外部顾客,验证遏制措施的有效性。ICA(临时控制措施)是指保护顾客免受一个或多个问题的症状影响的任何行动:

① 处理问题的症状。

② 在执行前验证有效性。

③ 在执行过程中监控。

④ 形成文件。

(5)D4:确定并验证根本原因

1)目的:用统计工具列出可以用来解释问题起因的所有潜在原因,将问题说明中提到的造成偏差的一系列事件、环境、原因相互隔离测试并确定产生问题的根本原因。

2)关键要点:评估可能原因列表中的每一个原因,判断它们可否使问题得到排除、验证、控制。

3)工具:5why 分析法和鱼骨图

① 5why 分析法用来识别和说明因果关系链,如图 4-3 所示。通过不断提问为什么前一个事件会发生,直到回答"没有好的理由"或直到一个新的故障模式被发现时才停止提问。解释根本原因以防止问题再次产生。文件中所有带有"为什么"的语句都会定义真正的根源(通常至少需要问 5 个 "为什么",但 5 个 why 不是说一定就是 5 个,可能是 1 个,也可能是 10 个)。

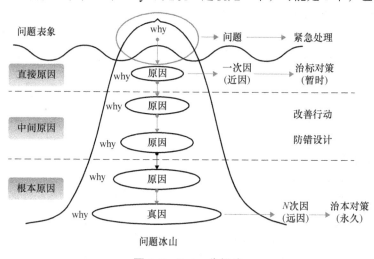

图 4-3　5why 分析法

② 鱼骨图,又名特性因素图,它是由日本管理大师石川馨先生发明的,故又名石川图。鱼骨图是一种发现问题"根本原因"的方法。问题的特性总是受到一些因素的影响,我们通过头脑风暴找出这些因素,并将它们与特性值一起,按相互关联性整理而成的层次分明、条理清楚、并标出重要因素的图形就叫特性因素图。因其形状像鱼骨,所以又叫鱼骨图,如图 4-4 所示。它是一种透过现象看本质的分析方法,所以还叫因果分析图。

4)详解:查找真正的原因,只有找到真正的原因,才能有效解决问题。如果仅仅只是应付了事,没有什么意义。

因此,要找出一切潜在原因,对潜在原因逐个试验、隔离并验证根本原因,确定不同的纠正措施以消除根本原因;使用鱼骨图、5why 分析法等方法找出所有可能的原因,并进行验证,最终找到根本原因。

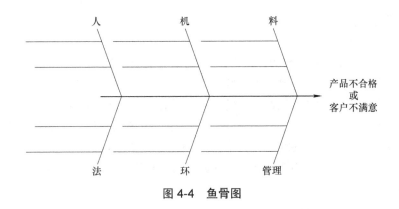

图 4-4 鱼骨图

（6）D5：选择并验证永久纠正措施

在这个阶段，团队需要根据之前的分析结果和解决方案，选择最适合的永久性纠正措施，并验证其有效性。

1）选择纠正措施。团队需要综合考虑各种可能的纠正措施，并选择最合适的永久性纠正措施。这些措施应该能够从根本上解决问题，避免问题再次发生。

2）制订实施计划。确定实施纠正措施的具体时间表、责任人和资源分配计划；确保每个步骤都清晰明确，以便顺利实施。

3）验证有效性。在实施纠正措施后，团队需要进行验证，确保问题得到了有效纠正。验证的方法包括数据分析、实地测试、观察等。

4）持续监控：一旦纠正措施得到验证，团队需要建立持续监控机制，确保问题不再出现；定期检查和评估纠正措施的有效性，并根据需要进行调整和改进。

通过选择并验证永久纠正措施，可以确保问题得到根本解决，提高产品质量和客户满意度。

（7）D6：实施永久纠正措施

1）目的：制订一个实施永久纠正措施的计划，确定过程控制方法并纳入文件，以确保根本原因的消除。在生产中应用该措施时应监督其长期效果。

2）关键要点：重新审视小组成员；执行永久纠正措施，废除临时措施；利用故障的可测量性确认故障已经排除；修改控制计划、工艺文件。

3）详解：确定并实施最佳的永久纠正措施，选择现行控制方法并进行监控，在必要时，实施应急措施。

（8）D7：预防再发生

1）目的：修改现有的管理系统、操作系统、工作惯例、设计与规程，以防止这一问题与所有类似问题重复发生。

2）关键要点：选择预防措施，验证有效性，决策，重新确定组织、人员、设备、环境、材料、文件。

3）详解：改善措施定义完成后，应长期监控员工反馈、数据分析、现场确认等方面查核措施的执行力及有效性。最常用也最有效的方法为改善前后不良率对比。一旦确认措施有效，必须进行文件标准化。文件标准化是指把企业所积累的技术、经验，通过文件的方式进行规范。标准化的结案应形成文件编号并上传系统，且对应岗位员工完成相关培训。接到客户投诉后的

5个工作日内需要提交完整8D报告。

（9）D8：小组祝贺

1）目的：承认小组的集体努力，对小组工作进行总结并祝贺。

2）关键要点：有选择地保留重要文档；浏览小组工作，将心得形成文件；了解小组对解决问题贡献的集体力量；对解决问题做出的贡献给予必要的物质、精神奖励。

3）详解：发出8D要求后，发出人以及8D小组成员负责对后续的8D的有效性和执行效果进行验证，直到实施后问题的缺陷有较大改善并呈稳定的下降趋势。由QM或PM对效果进行验证确认后才能关闭，否则需要重新进行根源分析和实施纠正预防措施。

3. 8D案例

现结合一个案例，介绍8D的内容及实施步骤。2020年6月，某电器厂为某主机厂配套的一种继电器因外场"三包"故障品率超标，收到了主机厂的质量信息单，要求该电器厂整改。

第一步：成立小组

在不合格现象发生后，组建一个小组。小组成员应具备充足的时间、权限、解决问题的能力和相关的技术素质。小组应有一个被指定的负责人。工厂立即成立了以总质量师为组长，以设计、工艺、质量、销售等部门的人员为成员的解决问题小组。

第二步：说明问题

用可量化的术语，详细说明问题。

（1）问题界定

1）问题出现的时间、发现问题的时间、问题持续的时间等。

2）问题发生的地理位置和产生故障的部位。

3）问题发生的数量或频率。

4）现场专家及售后服务工程师的观点。

经过上述问题界定，该继电器存在使用过程失效的问题，自2019年9月初开始，时有发生。本次共从主机厂返回"三包"产品28个，外场故障率0.6%。经检查发现，继电器失效主要是由触点烧蚀引起的。

（2）确定问题的严重性

1）顾客意见、态度对销售量及组织竞争优势产生的负面影响。

2）对产品性能、可靠性、安全性、舒适性的影响。

3）现场拆换、维护造成的直接经济损失。

4）同类产品的差距。

主机厂给电器厂的质量问题信息单中明确表示了对电器厂的不满。继电器失效将导致车辆的电喇叭无声，影响行车安全。主机厂要求电器厂立即整改，并计划从2020年6月开始对该继电器进行质量跟踪考核，若故障率仍高于0.3%，将对电器厂实施惩罚性措施。这对电器厂的产品销售及企业形象影响较大。

（3）确定解决问题的结果

确定解决问题的结果即根据顾客需求设定应达到的指标。小组设定整改后的继电器外场故障率应小于0.25%，以满足主机厂及最终顾客的要求。

第三步：实施并验证临时控制措施

1）采取相应的措施。在接到质量问题信息单后，电器厂立即对产品进行隔离，将所有主机厂的库存产品空运回厂进行复查、筛选。

2）采取临时性措施。采取临时性措施的目的在于最大限度地减少顾客损失。临时性措施包括100%检查、代用、返工、维修等，小组必须制定合格标准，并通过统计技术对采取措施前后的数据进行分析和比较。在时间的安排上不能太长，而且不应产生新问题。

由于该继电器为电器厂独家供货，为了不影响主机厂的生产，电器厂采取了100%筛选、维修的临时性措施。具体技术方案为：

① 查该产品的电气参数。

② 经打开外壳检查磁间隙、触点压力、超行程等，发现触点压力普遍偏小。小组认为，触点压力应保证大于0.5N。筛选后，剔除了触点压力小于0.5N的产品（约占有问题产品的40%）。

③ 对该产品进行环境应力筛选试验（高低温动作筛选、随机振动动作筛选），又剔除了0.2%有问题的产品。

④ 及时发出筛选后的产品，满足主机厂的装车进度要求，并通知驻外服务组重点跟踪。

同时，抽取触点压力大于0.5N和小于0.5N的产品各两个，对它们进行电气寿命耐久试验，预计试验时间超过11天。

第四步：确定并验证根本原因

（1）寻找所有潜在原因

经统计，该继电器失效机理95%为触点烧蚀，这是优先解决的问题。其次，采用鱼骨图，从人、机、料、法、环、管理入手，寻找所有引起触点烧蚀的潜在原因，如图4-5所示。

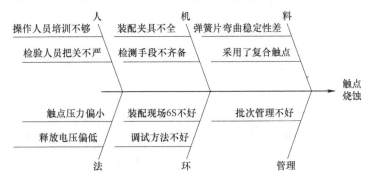

图4-5 触点烧蚀潜在原因分析

（2）确定根本原因

在潜在原因中，通过试验、测量、检查、分析等手段，采用判别矩阵寻找并验证其中的根本原因（见表4-3）。

表4-3 触点烧蚀根本原因分析

根本原因	实施前情况	纠正措施	目标	验证情况
弹簧片弯曲稳定性差	合格率60%	增加校正工序	合格率99.5%	合格率提高到99.7%，继电器参数离散性小
采用了复合触点	电气寿命小于 5×10^4 次	用纯银氧化物触点	电气寿命大于 5×10^4 次	抽取的4个继电器的电气寿命试验结果： 1. 触点压力0.2N，18000次 2. 触点压力0.3N，48000次 3. 触点压力0.5N，93000次 4. 触点压力0.5N，10^5 次
触点压力偏小		使触点压力大于0.5N		
操作人员培训不够	考试合格率70%	培训	考试合格率100%	—

第五步：选择并验证永久纠正措施

定量确定所选择的纠正措施，以确保解决顾客的问题，并且不会发生副作用。但要对每一个措施的有效性进行验证，必要时还应对纠正措施的风险性进行评价，制订出对应的应急计划。

第六步：实施永久纠正措施

为保证不合格原因的消除，电器厂从 2020 年 7 月开始对该型号的继电器实施永久性纠正措施，并确定了 6 个月的外场故障率跟踪期限，以验证其有效性。

第七步：预防再发生

修改管理系统、操作系统、工作惯例及程序，以防止这一问题和所有类似问题的再发生。对该型号继电器的所有永久纠正措施均进行验证，并对设计文件、工艺文件进行相应的修改，还增加了必要的工具及测试手段。

第八步：小组祝贺

通过座谈会等形式由高层领导对小组的集体努力和工作成果给予肯定，必要时进行表彰，以鼓励小组做出新的贡献。

2.4 任务计划

独立查阅信息

教师活动：教师分享某公司产品质量问题案例。

学生活动：学生独立思考案例中存在的问题点及解决方案。

小组制定 8D 报告并分享

教师活动：教师要求学生以小组为单位讨论案例，并针对案例中的问题制定 8D 报告。

学生活动：学生分小组讨论，小组合作完成 8D 报告的制定。

2.5 任务决策

实战演习任务决策

教师活动：教师选出一个学生代表（这个学生是以往表达不清晰的）进行问题点陈述和方案的展示。

学生活动：被选出的学生进行汇报，其他学生观察，并进行口头评价、补充、改进。

提交任务决策

教师活动：教师对每个学生小组的报告进行确认。

学生活动：每个小组制定报告，并在任务工作单上表述出来。

2.6 任务实施

示范操作

教师活动：教师亲自示范讲解思维逻辑。

学生活动：学生观察教师的示范表达，深化对 8D 问题求解法的认识。

操作实施

教师活动：教师将学生分组，并要求学生分工明确。在实施过程中，教师进行巡视、指导。

学生活动：学生分组，分别对相关内容进行讨论。每组 5 人，各自分享观点，并对小组讨论的结果进行汇总，并整理为最终方案，最终由指定的学生代表上台进行汇报分享。

2.7 任务检查

教师活动：教师提供任务检查单。教师要求学生分组，小组合作完成任务检查，并在任务检查单上进行标注。教师要求学生小组成员对工作过程和工作计划进行监督和评估，记录优缺点及改进建议，并口头表述。教师要重点引导学生对小组内其他成员的支持性意见的表达，并训练学生接纳他人的建议。

学生活动：学生分组，小组合作完成任务检查，并在任务检查单上进行标注。学生按照教师的规定对小组内其他成员的工作过程提出改进建议。

2.8 任务评价

教师活动：教师归纳整理理论体系，以一页 PPT 展示知识点、技能点和素养点。

学生活动：学生认真反思、倾听，构建适合自己学习的知识体系。学生对照学习目标进行自我评价。

任务 3　认识现场物料配送

3.1 任务描述

微课视频
现场物料配送

全员分组讨论

学生活动：学生分组，10 人一组。每组展开讨论，讨论主题：对现场物料配送的认识。选派组长进行发言。

教师活动：教师观察学生的讨论过程，观察各组学生的表现。

全员换位评价

学生对其他小组分析说明的内容进行评价，说出其他小组所述内容的优缺点。

提交评价表

教师活动：教师要求学生根据自己对任务的讨论完成情况进行评价，并提出改进意见。
学生活动：学生在任务工作单上进行自评和互评。

3.2 任务分析

教师活动：教师提供任务工作单，通过对现场物料配送案例的讨论，指导学生完成对现场物料配送概念、方式的分析。
学生活动：根据教师提供的资料和教材内容进行查阅和讨论，并编撰车间现场物料配送改善方案。

3.3 理论学习

目前，制造企业的物流部门面临客户需求预测不准、产品技术更新加快、BOM（物料清单）更改频繁、销售预测不准、产能限制等情况，这些情况导致生产计划频繁变动、物料计划不准、供应商供货不及时或不配套、物料积压、缺货；同时还面临仓储条件有限、进出库手续不规范、ERP（企业资源计划）数据不准、账物不符、劳动力紧缺、作业效率不高和物流管理成本居高不下等问题。因此，提高仓储效率，推行物料配送已成为制造企业降低物流成本的重要途径。

现场物料配送是汽车制造企业厂内物流最重要的环节，不同的配件应选择不同的配送方式；配送效率的提高，一方面可以缓解配送工人的工作强度，另一方面可有效防止生产线停线，给公司造成损失。当生产节拍提高时，现场的物料配送效率显得尤为重要。

3.3.1 现场物料配送概述

制造业配送是围绕制造企业所进行的原材料、零部件的供应配送。汽车主机厂的现场配送大多是由第三方物流执行的，也就是物流外包，但是高价品和KD（散件组装）件的配送基本都是由公司内部的物流管理部门人员进行配送的。现场物流配送模式由于各主机厂的生产模式和现场管理水平的不同而各有不同。推式生产和拉式生产的要求是截然不同的。其主要的模式是看板管理、叫料系统、计划供给等。现场物料配送是指由生产物流部门派物流人员根据生产计划提出的物料需求清单的要求，统一配送物料的管理方式。

3.3.2 现场物料配送方式

现场物料配送主要是将生产所需的物料按生产计划指令及标准来进行包装，从仓库循环发送到生产线，包括物料在生产线工序流转和产品换型时的收发管理流程，以保证生产秩序的有序、现场的整洁、物料消耗的有效控制及减少库存的浪费，并防止产品被误用、错用，在有追溯要求的场合实现产品的可追溯。

目前，汽车制造企业的现场物料配送主要有三种方式：计划配送、JIT（准时）配送和准时化顺序供应（Just in Sequence，JIS）。其中计划配送属于推动式配送，JIT配送、准时化顺序供应属于拉动式配送。

1. 计划配送

仓库计划人员根据企业生产计划部门发布的生产顺位计划和物料清单（Bill of Material，BOM），计算出每种零部件的需要量及投入计划，依照计划发出配送指令。

计划配送方式较简便，易操作，但它只适合于大批量、品种单一、生产稳定的生产模式，如一些小零件；当面对小批量、多品种、生产易波动的生产模式时，很难制订出一个紧密、准确的生产作业计划，因此只能依靠增加车间库存来应对生产，其结果是车间库存居高不下，生产混乱，增加管理的难度。

2. JIT 配送

JIT 生产方式，实质是保持物质流和信息流在生产中的同步，实现以恰当数量的物料，在恰当的时候进入恰当的地方，生产出恰当质量的产品。在现场物料配送环节，JIT 配送是指要将正确的物料以正确的数量，在正确的时间送到正确的地点，它以生产为驱动，通过看板，采用拉动的方式将物料配送与生产紧密地衔接在一起。此种配送方式可大大减少车间库存，提高生产效率。

看板是 JIT 生产方式中独具特色的管理工具，是传递信号的工具，它可以是某种"板"、一种揭示牌、一张卡片，也可以是一种信号。看板的职能包括：

1）物料配送的作业指令。
2）防止过量配送。
3）进行"目视管理"的工具。

JIT 配送的优点主要有：

1）可以实现小批量、多频次的配送。
2）很好地适用于混流生产，物流运作不因生产的波动而受影响。
3）减少线边库存。
4）利用目视化管理，便于物流操作的标准化。

3. 准时化顺序供应

JIS 是在 JIT 配送的基础上发展而成的，它是指将物料按照装配顺序排列好送到生产线。

JIS 的实施方式为：通过车间的排产计划，将实际的车辆上线信息与排序系统对接，通过系统排序计算后，产生 JIS 排序单。排序单是严格按照车辆上线顺序将所需要的零部件进行排序的，包括需求零部件的零件号、数量、装配线工位、需求实际、供应商等。供应商在接收到排序信息后按照此单顺序将对应的零部件放入料车并配送到线边。

JIS 适用于：

1）体积较大、对现场空间需求较大的零部件，如座椅等。
2）派生件，即不是所用车型都使用的零部件，如保险杠等颜色件。
3）贵重零部件。

JIS 对于库存的要求达到了极致，车间需要什么零部件，供应商就配送什么零部件，并且 JIS 对于供应商零部件的质量、配送时间要求也很高。

汽车制造企业车间配送作业的核心目的是：理顺公司内部的物流秩序，便于生产计划的制订；缓解仓库与车间领退料之间的矛盾；降低车间库存成本；提高仓库管理质量；加强物料成本控制。

3.3.3　基于 MES 的现场物料配送管理优化

目前，企业的有关物料方面的信息主要来自仓库的静态信息，缺乏来自生产现场的动态信息，因此也就无法实现对物料实时和有效的管理。在生产过程管理中，计划层与控制层之间缺乏一个起承上启下作用的中间层。通过引进 MES（制造执行系统），就能利用系统中的核心功能来解决由于缺乏来自生产现场的动态信息而造成的生产车间和仓库部门的物料配送问题。

1. 物料配送计划的生成

配送的原则是实行实时、定量、定点配送。实时、定量、定点配送是面向物料需求、面向生产任务的一种供给策略。它根据生产计划规定的某台设备或工作中心在某时间段内的生产任务，将所需要的物料分成若干批次，按规定的批量在一个指定的时间范围内进行配送。通过产品的产能特性和生产计划计算出各设备或工作中心一天之内的所需物料，按照实时、定量、定点的原则可得出一天的物料配送计划。

2. 物料配送计划的执行

仓库工作按照配送计划来实施实时物料配送，将所需的物料配备齐全，凑整装车后，选择适当的运输路线巡回运送到各个设备或工作中心旁边。配送完全根据各个设备或工作中心需要的物料数量和需要的时间进行实时配送，并以某一时间段、某个设备或工作中心的配送任务为目标。

物料配送不但要保证及时送到现场，而且要做到物料到位后，尽可能使其在预定的时间里消耗完。通过实时的数据交换，仓库的工作人员要在配送完成的计划中做一个标识，以证明此计划已执行，同时也表明了物料在设备或工作中心的状态。

3. 对物料的跟踪管理

对物料的跟踪管理主要有两方面内容：物料的使用情况和使用数量。生产车间工作人员在反馈生产过程信息的同时也要反馈物料的使用情况。在正常的生产情况下，物料使用的实际速度与计划速度存在偏差，当物料的数量不足时，生产车间的工作人员可通过系统发送邮件给仓库部门，要求其立刻配送物料到配料点；当实际速度慢于计划速度或生产出现异常而导致生产延迟时，生产车间的工作人员应在物料跟踪管理系统中及时录入配料点上物料的数量情况，仓库部门则可以考虑延迟或停止此时刻最接近的一次相关的配送任务，直到生产部门发出提示信号后再进行物料配送。

生产车间的工作人员在接到紧急插单的生产计划时，要先对该设备或工作中心当前的物料数量做一个清点，并将数据录入物料跟踪管理系统中，以便数据写入物料存储情况数据库，为第二天物料配送计划的生成提供数据。同时，对于暂时闲置的物料，仓库部门可以考虑将暂未开封的各种物料重新运回仓库进行调度，并在物料跟踪表中做好数据记录。

通过实施基于 MES 来对物料配送进行管理的方案，能够对生产过程中的所需物料实现定点、定量配送；通过局域网的技术平台，能够实现生产现场信息与物料管理部门之间信息的及时交换，并能够跟踪现场的物料使用情况，减少不必要的浪费，最终有效地控制生产成本。这对企业提高生产效率和经济效益具有极其重要的现实意义。

3.4　任务计划

情景导入

教师活动：教师提供现场物料配送案例并进行初步解析。

项目 4 生产物料管理

学生活动：学生独立阅读和研究教师提供的案例资料。

小组输出改善方案框架

教师活动：教师要求学生小组合作输出车间现场物料配送改善方案的思路及框架。

学生活动：学生分小组讨论，小组合作完成车间现场物料配送改善方案的框架，包括场景预设、分工等。

3.5 任务决策

教师活动：教师指导学生小组对车间现场物料配送改善方案的撰写工作进行分工，确定小组成员的角色及工作任务。

学生活动：小组成员在组长的带领下分工完成改善方案的撰写。

3.6 任务实施

教师活动：在小组分工协作时，教师进行巡视、指导。

学生活动：学生分小组完成车间现场物料配送改善方案的撰写，两组间进行方案的说明表达，分别对其进行评价和监督，最终等待教师选派部分小组上台进行汇报。

3.7 任务检查

教师活动：教师提供任务检查单。教师要求学生分组，小组合作完成任务检查，并在任务检查单上进行标注。教师要求学生小组成员对工作过程和工作计划进行监督和评估，记录优缺点及改进建议，并口头表述。教师要重点引导学生对小组内其他成员的支持性意见的表达，并训练学生接纳他人的建议。

学生活动：学生分组，小组合作完成任务检查，并在任务检查单上进行标注。学生按照教师的规定对小组内其他成员的工作过程提出改进建议。

3.8 任务评价

教师活动：教师归纳整理理论体系，以一页PPT展示知识点、技能点和素养点。

学生活动：学生认真反思、倾听，构建适合自己学习的知识体系。学生对照学习目标进行自我评价。

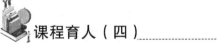

课程育人（四）

物料盘点工作在仓库管理的过程中是非常重要的一环，它直接影响库存的准确性和拣货、销售等业务的开展，它不仅能让企业更加清楚地了解物资的库存量，发现作业与管理中存在的问题，查明盈亏原因，也可以为经营决策提供科学依据。

在进行物料盘点的过程中要本着"细心、负责、诚实"的原则，所有的盘点必须是真实的、准确无误的。在以后的工作中，必须秉承严谨细致的工作态度，不为私心所扰，不为名利所累，不为物欲所惑，脚踏实地为企业和国家的发展贡献力量。

在进行现场物料配送管理时，要本着实事求是、精益求精的精神，严谨细致。同时需要树立大局意识，以生产需要为中心，将现场物料配送的各项工作服务于生产实践。

在面对问题时，8D问题求解法倡导群策群力、互相帮助、共同投入，以及通过团队合作获得永久性和创造性的解决方案。通过将理论学习与案例实践相结合，引导学生独立思考，锻炼学生分析问题、解决问题的能力。同时，在解决问题的过程中，明白个人与团队的作用，懂得加强团队沟通合作的真正意义，更重要的是，要提高整理构思的能力，并将此能力运用到实际的工作中。

曾经有人问高僧："一滴水怎样才不会干？"高僧回答："把这滴水放到大海中。"这段简短的对话告诉我们一个深刻的道理，那就是团队通力合作能够显现出无限的力量。一个人的力量有限，要学会放弃单打独斗的执念，意识到团队合作的重要性并采取实际行动，才能体会到"众人拾柴火焰高"的真谛。

项目 5
生产计划管理与控制

教学准备

教学情境准备

教师活动：由教师指导对整个班级进行分组，并由各小组讨论，选举出组长。教师安排组长负责小组管理，如分配、分解任务，小组团队建设，班内的协调工作等。

学生活动：组长根据对作业指导书及相关资料的学习，通过小组讨论来分解、分配任务，同时组长担任任务完成检查员。

教学目标准备

素养点：
1. 在小组中能够良好地表达自我，并懂得倾听他人
2. 能够阅读相关的教学资料
3. 通过查阅资料能够使用工具
4. 能够形成完善的逻辑思维
5. 能够独立工作
6. 能够参考小组合作
7. 能够与他人进行有效的沟通和交流

知识点：
1. 汽车库存管理
2. 编制企业生产计划

3. 生产计划管理与控制策略
技能点：
1. 正确理解库存的概念及每种管理策略的优缺点
2. 理解未来库存管理的趋势
3. 掌握生产计划的编制方法
4. 正确理解生产计划管理与控制的内容
5. 掌握生产计划管理与控制策略

资料清单

1. 教材和电子课件
2. 任务工作单
3. 汽车库存管理案例
4. 企业生产计划编制案例
5. 企业生产计划管理与控制案例
6. 任务检查单
7. 评价表

任务 1　认识汽车库存管理

1.1　任务描述

微课视频
生产物流库存管理

全员分组讨论

学生活动： 学生分组，10 人一组。每组展开讨论，讨论主题：对汽车库存管理的认识。选派组长进行发言。

教师活动： 教师观察学生的讨论过程，观察各组学生的表现。

全员换位评价

学生对其他小组分析说明的内容进行评价，说出其他小组所述内容的优缺点。

提交评价表

教师活动： 教师要求学生根据自己对任务的讨论完成情况进行评价，并提出改进意见。

学生活动： 学生在任务工作单上进行自评和互评。

1.2 任务分析

教师活动：教师提供任务工作单，并指导学生深入学习汽车库存管理的知识。
学生活动：根据教师提供的资料和教材内容进行查阅和讨论，并形成改善方案。

1.3 理论学习

库存管理是指在物流过程中对商品数量的管理。过去认为仓库里的商品越多，表明企业越发达、兴隆，而现代管理学如 MBA、CEO 必读 12 篇、EMBA 等则认为"零库存"是最好的库存管理。库存多会导致占用资金多、利息负担加重，但是如果过分降低库存，则会出现断档的情况。

1.3.1 库存概述

1. 库存的概念

库存（Inventory）是指仓库中实际储存的货物。对企业来说，库存主要包括按计划进货供应的物资、年度计划尚未卖出的物资、正常供应所需的周转库存等。

在物流管理中这样定义"库存"：一切当前闲置的、用于未来的、有经济价值的资源。其作用是：防止生产中断，起稳定作用，节省订货费用，改善服务质量，防止短缺。库存也存在一定的弊端：占用大量资金，产生一定的库存成本，掩盖了企业生产经营中存在的问题。从企业本身来看，企业的物流活动可能成为企业降低成本的"宝库"，成为企业的"第三个利润源"及企业战略生存和发展的核心活动。

2. 库存的分类

对于汽车制造企业来说，从生产过程的角度来划分，库存可分为原材料库存、零部件及半成品库存、成品库存三类。从库存物品所处状态来划分，库存可分为静态库存和动态库存。汽车制造企业的原材料库存主要指钢板、汽油、机油等的库存，如图 5-1 所示。汽车制造企业的零部件及半成品库存是指在生产过程中已经经过一部分加工或者组装的零部件及总成的库存，如图 5-2 所示。汽车制造企业的成品库存是指已经完成生产的整车库存，如图 5-3 所示。

图 5-1 汽车制造企业的原材料库存

图 5-2　汽车制造企业的零部件及半成品库存

图 5-3　汽车制造企业的成品库存

3. 库存的重要性

不同类别的库存在生产过程中的重要性不同，但都能体现出它的意义。下面分别进行阐述。

（1）原材料库存的重要性

1）大量购买获得价格折扣。

2）大量运输降低运输成本。

3）避免由于紧急情况而出现停产。

4）防止涨价、政策的改变以及延迟交货等情况的发生。

5）调整供需之间的季节差异。

6）保持供应来源。

（2）零部件及半成品库存的重要性

1）确保生产计划的顺利进行。

2）提高生产效率。

3）应对突发情况。

4）节约生产成本。

5）提升企业的竞争力和改善市场表现。

（3）产成品库存的重要性

1）节省运费。

2）平衡产能。

3）调整季节差异。

4）提高客户服务水平。

5）保留技术工人。

4. 库存的优缺点

总的说来，库存的优点主要有：避免缺货，保证向客户供应；应对各种意外变化；保证生产与经营过程连续进行；缩短供货周期；应对产品季节性需求波动等。库存的缺点主要有：占用大量资金；增加库存利息支出；人事费用增加；可能产生滞销商品；不动产投资增加；隐藏了企业经营的问题等。

5. 企业库存管理的特点

1）产品系列化、多样化，使得企业的库存水平上升。

2）存货由零售商转向供应商，加大了企业库存管理的难度。

3）库存被看成一项投资，使企业库存管理更加重要。

4）总成本最小的目标，使企业有时需要加大库存。

如果适当增加部分库存能减少其他方面的成本，并且其节约额超过了库存成本的增加额，那么企业就会选择增加库存。

6. 库存成本的类型

成本的降低是优化物流系统的关键所在，在库存控制中，没有对库存成本的精确评估就很难实现库存控制的目标。一般说来，库存成本分为以下三种类型：

1）采购成本，包括订货成本和购买成本。

2）库存持有成本，在一定时期内随着存储产品的数量而改变。

3）缺货成本，失销成本和延期交货成本。

7. 库存控制

要对库存进行有效的管理和控制，首先要对存货进行分类。常用的存货分类方法有 ABC 分类法和 CVA（关键因素分析）分类法。

（1）ABC 分类法

1）定义

A 类：数量占库存物资总数的 10%，金额占库存总金额的 70% 左右的物资。

B 类：数量占库存物资总数的 20%，金额占库存总金额的 20% 左右的物资。

C 类：数量占库存物资总数的 70%，金额占库存总金额的 10% 左右的物资。

对于主机厂，简单的 ABC 分类法无法满足流程规划和精益生产的需求。

2）指导方针

① 根据物料价格可建立优先顺序及相应的重视程度，以推进物流流程的改善。

② 从生产线开始要求，选择最合适的物流流程。

③ 为即将编入使用点的库存基准提出建议。

④ 提出最适合的零件分拣系统建议，以支持推荐的流程。

从物料分类开始，可进行"差距分析"，从而为各个部件或物流体系制订准备计划。该分析在利润 - 成本（Benefit-Cost）分析的支持下将逐步推进实施。表 5-1 所示为以 ABC 分类法为例说明的物料分类法。

表 5-1　物料分类法

分类	品种	子类	子种类	描述	规则
A	AA 高价品	AA1	大型零件及派生件	包括所有的高价品，要求为大型零件及派生件	车辆的造价预算应该从估算 BOM（物料清单）着手，包括最常见的零部件。常见的应该以价格降序排序，采用整车 50% 价格预算的零部件，预测的界限值适用于 BOM 中的所有零部件
		AA2	大型零件	包括所有的高价品及大型零件，不属于派生件	
		AA3	大型派生件	包括所有的大型派生件，要求非大型零件	
		AA4	其他高价品	包括未指定到上述分类的其余高价品，不包括大型零件	
	AB 大型零件	AB1	大型派生件	包括所有的大型派生件	标准集装箱：零件量 > 60L（参数 1200mm × 1000mm × 50mm）
		AB2	其他大型零件	包括未指定到上述分类的其余大型零件	
	AC 派生件	AC	—	—	物流系列零件扩散系数 ≥ 3

(续)

分类	品种	子类	子种类	描述	规则
B	常规零件	B	—	—	零件不属于 A 或 C 类的
C	小/便宜零件	C	—	—	扣紧零件所有零件单位量 < 0.016L（参数 25mm×25mm×25mm）

3）流程

① 收集相同生产线上的零件数。

② 用物料的价值确定 AA 类零件数目。

③ 对于每个 AA 类零件，根据零部件大小确认其是否为大型零件，根据物流系列零件扩散系数确认其是否为派生件，如果既是大型零件又是派生件，则属于 AA1；如果只是大型零件，则属于 AA2；如果只是派生件，则属于 AA3；如果都不属于，则为 AA4。

④ 考虑 A 类其他零件，确认 AB 类中的零件数量（根据零部件大小和物流系列零件扩散系数，细分为 AB1 和 AB2）及 AC 类中的零件数量。

⑤ 确认 C 类中的零件数量。

⑥ 其余的部件属于 B 类。

（2）CVA 分类法

CVA 分类法是一种库存控制分类方法，它根据物资的重要性和紧急程度将库存分为四个优先级，分别是最高优先级、较高优先级、中等优先级和较低优先级。这种分类方法有助于企业更有效地管理库存，确保关键物资的供应，同时在合理范围内控制库存水平。

1）最高优先级——经营的关键性物资，不允许缺货。

2）较高优先级——经营活动中的基础性物资，但允许偶尔缺货。

3）中等优先级——多属于比较重要的物资，允许合理范围内的缺货。

4）较低优先级——经营中需用这些物资，但可替代性高，允许缺货。

ABC 分类法和 CVA 分类法所产生的结果，只是理顺了复杂事物，弄清了各局部的地位，明确了重点。但是，ABC 分类法与 CVA 分类法的主要目的更在于解决困难，它们属于解决困难的技巧，因此，在分类的基础上必须提出解决的办法，才能真正达到目的。目前，许多企业为了应付验收检查，形式上采用了 ABC 分类法，虽对了解实际情况有一些作用，但并未真正掌握这种方法的用意，未能将分类转化为效益，这是应该避免的。

8. 缺件管理

缺件管理是指实现对缺件登记、采购、满足需求整个过程的跟踪记录。它与入库、出库无关，不影响库存，只是涉及缺件的产生、预警和跟踪记录情况。

（1）仓库零件缺件

在仓库管理中一般会使用各类库存管理信息系统对在库零件进行账务管理，包含入库、出库、隔离、报废等各项内容。目前国内企业常用的相关管理系统有 SAP（系统应用程序和产品）、用友以及各企业内部自行开发的库存管理系统。

在该项管理中，可利用库存报表、系统预警等一系列措施对库存水平进行监管控制，但是由于不同零件的到货周期（Lead Time）不同，所以不同零件的预警时间也应有所不同。仓库管理人员应在设定好的预警时间之前对零件预警，将相关信息反馈给物料控制和生产控制人员，以便及时催料或调整生产计划。

（2）非仓库零件缺件

非仓库零件也就是各主机厂常提到的直供件，这类零件不经过主机厂管理的仓库，而由供应商工厂端或中转仓将零件直接送至主机厂车间指定的物流区域使用或直接送至线边使用。

在该项管理中，因主机厂没有过多的库存，所以对这类零件的到货时间精度和预警反应速度要求都很高。若供应商没有在预定的时间范围内送货，则零件接收人员应及时将相关信息反馈给物料控制和生产控制人员，以便及时催料或调整生产计划。

1.3.2 汽车库存管理策略

不管什么类型的库存都会占用企业的流动资金，如果库存量过大、流动资金占用量过多，就会影响企事业单位的经济效益；如果库存量过小，就难以保证生产持续正常进行。因此，库存量必须做到适度定额，并保持合理的库存周转量，而这就需要制定适合企业的库存管理策略。

1. 汽车库存管理概述

汽车库存管理是指在汽车生产过程中对原材料、零部件、半成品和成品等物料进行有效管理，以确保生产计划的顺利执行，同时最大限度地降低库存成本和减少库存风险。汽车库存管理是一个复杂而重要的环节，通过科学合理的库存管理，汽车制造企业可以提高生产效率、降低成本，保持竞争力。要想做好汽车库存管理，必须做好以下两个方面的工作：

（1）知道汽车和备件的需求特性

汽车和备件物流活动的管理者必须知道汽车和备件的需求量变化曲线，汽车和备件需求是有规律性、季节性或随机性的。一种车型需要管理的备件达到几千种，单品种备件的需求特性要经历四个阶段：导入期、增长期、成熟期和衰退期。另外，汽车备件的需求还与装配该零部件整车市场的保有量有关，即随着整车市场保有量的增加而增加，当整车市场保有量下降时，汽车备件的需求呈下降趋势。汽车备件需求有生命周期。

（2）提高汽车和备件的客户服务水平

汽车和备件物流供应链库存管理是为了在满足已设定的客户服务水平的目标下降低库存。所以汽车和备件物流活动的管理者必须明确企业所设定的客户服务水平，充分分析在满足此服务水平需要多少库存的情况下，最大化降低库存量，以便提升企业资金的使用效率。

2. 汽车备件的库存管理策略

基于市场需求量的差异，汽车备件的库存策略大致可以分为以下四类：日库存策略、周库存策略、月库存策略和非库存策略。

（1）日库存策略

日库存策略是指汽车备件的库存量控制在一天的备件需求量的波动范围内。此策略适用于汽车备件需求数量高的品种，汽车备件的产品特征是空间尺寸大；汽车备件的生产制造地在汽车备件配送中心的附近，汽车备件供应商具有每天按采购订单供应备件的生产节奏和运输能力。此策略适用的汽车备件有汽车前、后保险杠，汽车前照灯，轮胎等。

（2）周库存策略

周库存策略是指汽车备件的库存量控制在一周的备件需求量的波动范围内。此策略适用于需求数量较高的汽车备件品种，汽车备件供应商具备每周按采购订单供应备件的能力。此策略适用的备件品种有火花塞、汽油滤清器等。

（3）月库存策略

月库存策略是指备件按月消耗补充库存，80%的汽车备件品种适用此策略，但此策略的库存积压会非常大，一方面要求库存仓库面积大，另一方面要占用很大的库存资金。如果不是进口零部件或者各车型通用部件，不建议采取此种库存管理策略。

（4）非库存策略

当某种汽车备件的年需求量小于三件时适用此策略。当汽车备件的年需求量大于三件时，汽车备件的库存管理策略由不建立库存变为库存件。

1.3.3 汽车企业的库存管理趋势

库存管理者关注如何以最小的库存满足客户订单的要求，以最接近客户订单需求量的高频率、小批量的补货方式，达到用最少的库存满足客户需求的目标。目前汽车企业的库存管理趋势如下：

1. 前端制造计划管理

通过管理备件供应商前端制造计划，控制并缩减供应链周转时间。作为供应链源头，供应商制造计划管理的水平会影响供应链的时间、库存和成本等绩效参数。目前很多车企都通过这种方式来控制半成品库存，一方面可以深入了解备件供应商的产能、生产周期等；另一方面在了解备件供应商相关的供应信息后，可对本企业的生产计划进行调整，在降低库存的同时，充分提高生产效率。

2. 高度信息整合

信息整合至关重要，供应链上下游之间的相关企业信息不再是孤岛，必须通过对备件供应链上下游信息的整合，第一时间掌握影响库存的变化因素，及时调整备件库存量，以适应生产需求。整合的内容包括需求预测、库存规划、采购订货、运输规划、信息交流平台以及生产流程等。

3. 深度数据交流

要想实现备件物流供应链上一体化的信息交流，仅仅传递数据是远远不够的，数据不能代表信息，还需要对相关数据进行收集、分析和传递。供应商和第三方物流服务商将相关数据装载到它们的系统中后，再向它们的二级供应商传递数据，依次将数据传输至整车厂商。

4. 一体化战略

采取一体化战略是资源整合的有效方式。通过选择与供应链上关键的供应商和第三方物流服务商共同实施一体化战略，充分整合资源，有助于整车厂商、供应商和第三方物流服务商之间的数据共享。通过对实时数据的把控，可以充分调动部品供应效率，有效减少库存周转。目前有的整车厂商甚至自建物流企业，高度统筹物流运转，虽成本高，但相对于与第三方物流合作和库存积压，对资金的利用率有很大的提高。

5. 加快库存周转

库存周转速度也是影响库存量大小的重要因素，通过分析库存的流动形式和存储地点，加快库存的周转速度，可有效降低库存。目前很多第三方物流服务商为了更好地服务于整车制造企业，选择将备件中转库建设在整车制造企业附近，这样能提升备件库存的周转速度。

1.4 任务计划

独立查阅信息

教师活动：教师分享汽车库存管理案例。
学生活动：学生独立思考案例中哪些是需要注意的问题点及改善方案。

小组制定改善方案并展示

教师活动：教师要求学生以小组为单位讨论案例，并分享改善方案
学生活动：学生分小组讨论，小组合作完成改善方案的制定。

1.5 任务决策

实战演习任务决策

教师活动：教师选出一个学生代表（这个学生是以往表达不清晰的）进行问题点陈述和方案的展示。
学生活动：被选出的学生代表进行汇报展示，让其他学生观察，并进行口头评价、补充、改进。

提交任务决策

教师活动：教师对每个学生小组的改善方案进行确认。
学生活动：每个小组制定改善方案，并在任务工作单上表述出来。

1.6 任务实施

示范操作

教师活动：教师亲自示范讲解改善方案，或者播放相关的微课视频。
学生活动：学生观察教师的示范表达，或者观看微课视频中的内容。

操作实施

教师活动：教师将学生分组，并要求学生分工明确。在实施过程中，教师进行巡视、指导。
学生活动：学生分组，分别对相关内容进行讨论和分享。每组5人，各自分享观点，并对讨论内容进行汇总整理，制定最终方案，最终由指定的学生代表上台汇报分享。

1.7 任务检查

教师活动：教师提供任务检查单。教师要求学生分组，小组合作完成任务检查，并在任务检查单上进行标注。教师要求学生小组成员对工作过程和工作计划进行监督和评估，记录优缺

点及改进建议，并口头表述。教师要重点引导学生对小组内其他成员的支持性意见的表达，并训练学生接纳他人的建议。

学生活动：学生分组，小组合作完成任务检查，并在任务检查单上进行标注。学生按照教师的规定对小组内其他成员的工作过程提出改进建议。

1.8 任务评价

教师活动：教师归纳整理理论体系，以一页 PPT 展示知识点、技能点和素养点。

学生活动：学生认真反思、倾听，构建适合自己学习的知识体系。学生对照学习目标进行自我评价。

任务 2　编制企业生产计划

2.1 任务描述

全员分组讨论

学生活动：学生分组，10 人一组。每组开展小组讨论，讨论主题：对企业生产计划的了解。选派组长进行发言。

教师活动：教师观察学生的讨论过程，观察各组学生的表现。

全员换位评价

学生对其他小组分析说明的内容进行评价，说出其他小组所述内容的优缺点。

提交评价表

教师活动：教师要求学生根据自己对任务的讨论完成情况进行评价，并提出改进意见。

学生活动：学生在任务工作单上进行自评和互评。

2.2 任务分析

教师活动：教师提供任务工作单，并指导学生深入学习生产计划的相关知识。

学生活动：根据教师提供的资料和教材内容进行查阅和讨论，并形成适用的生产计划。

2.3 理论学习

生产计划是企业对生产任务做出的统筹安排，其具体拟定了生产产品的品种、数量、质量和进度，它是企业经营计划的重要组成部分，是企业进行生产管理的重要依据。生产计划既是实现企业经营目标的重要手段，也是组织和指导企业生产活动有计划进行的依据。企业在编制生产计划时,还要考虑生产组织及其形式。但同时,生产计划的合理安排,也有利于改进生产组织。

2.3.1 生产计划的含义

生产计划就是企业为了生产出符合市场需求或顾客要求的产品,而确定的在什么时候生产、在哪个车间生产以及如何生产的总体计划。企业的生产计划是根据销售计划制订的,它是企业制订物资供应计划、设备管理计划和生产作业计划的主要依据。

制造企业生产计划的主要内容包括:调查和预测社会对产品的需求,核定企业的生产能力,确定目标,制定策略,选择计划方法,正确制订生产计划、库存计划、生产进度计划和计划工作程序,以及计划的实施与控制工作。某汽车制造企业生产计划编制模型如图 5-4 所示。

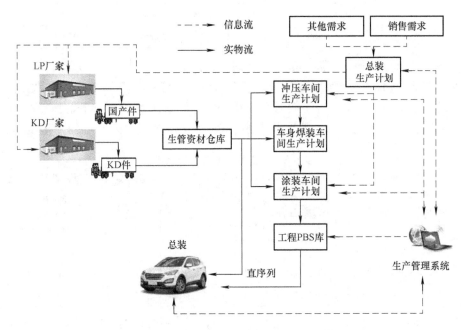

图 5-4 某汽车制造企业生产计划编制模型

生产计划的主要指标有品种、产量、质量、产值和出产期。

1)品种。它是指企业在计划期内生产的产品品名、型号、规格和种类数。确定品种指标是编制生产计划的主要问题。

2)产量。它是指企业在计划期内出产的合格产品的数量。产量指标是企业进行供产销平衡和编制生产计划、组织日常生产的重要依据。

3)质量。它是指企业在计划期内生产的产品质量应达到的水平,常采用统计指标来衡量,如不良品率、废品率等。

4)产值。它是指用货币表示的产量指标,能综合反映企业生产经营活动成果,以便与不同行业进行比较。根据具体内容与作用不同,产值分为商品产值、总产值与净产值三种。

5)出产期。它是指为了保证按期交货所确定的产品出产期限。

一般汽车制造企业根据计划周期的不同将企业生产计划分为长期生产计划、中期生产计划和短期生产计划。

1）长期生产计划。该计划属于战略规划的范畴，一般由企业的高层根据企业的经营战略来研究确定，是实现目标的全局战略和市场定位。长期生产计划的计划期一般会超过 5 年，且带有很高的不确定性。X 公司的长期生产计划见表 5-2。

表 5-2 X 公司的长期生产计划

车型	生产计划 / 台					总量 / 辆
	2017 年	2018 年	2019 年	2020 年	2021 年	
A1 车型	100000	120000	140000	140000	120000	620000
A2 车型	120000	140000	160000	180000	160000	760000
B1 车型	80000	100000	120000	100000	90000	490000
B2 车型	—	—	—	50000	100000	150000
合计	300000	360000	420000	470000	470000	2020000

2）中期生产计划。该计划属于战术性计划，也称生产计划大纲或年度生产计划，一般由企业的中层根据市场预测数据结合企业资源状况来研究制订。中期生产计划的计划期一般为 1 年，见表 5-3。中期生产计划在企业也被称为年计划，可分解为季度计划和月计划，一般在上一年末在参考当年实际完成量和长期生产计划的情况下进行制订，带有一般的不确定性。

表 5-3 X 公司的中期生产计划

车型	生产计划 / 台												总量 / 辆
	1月	2月	3月	4月	5月	6月	7月	8月	9月	10月	11月	12月	
A1 车型	6000	6000	7000	7000	8000	9000	9000	9000	9000	10000	10000	10000	100000
A2 车型	7000	7000	9000	9000	10000	10000	10000	11000	11000	12000	12000	12000	120000
B1 车型	5000	5000	4000	6000	7000	7000	7000	7000	8000	8000	8000	8000	80000
合计	18000	18000	20000	22000	25000	26000	26000	27000	28000	30000	30000	30000	300000

3）短期生产计划。该计划为生产作业计划，属于执行层的行动计划，一般由企业的管理执行人员根据生产系统能力约束条件和绩效目标来研究制订，其计划期一般为 4 个月以下，并逐月细化到周、逐周细化到日、逐日细化到班次和小时，按总装配生产顺序进行精细安排，其涉及所有相关日常事务的处理，内容翔实明确，具有稳定性，同时也可作为计划执行人员的考核目标。

2.3.2 生产计划的构成

汽车制造企业的生产计划一般由三部分构成：综合生产计划、主生产计划和物料需求计划。

1. 综合生产计划

综合生产计划是指在一定的计划区域内，以生产计划期内的成本最小化为目标，用已知每个时段的需求预测数量，确定不同时段的产品生产数量、生产中的库存量和需要的员工总数。综合生产计划建立在企业生产战略和总体生产能力计划的基础之上，决定了企业的主生产计划和以后的具体作业计划的制订。

综合生产计划并不具体制订每一品种的生产数量、生产时间，每一车间和人员的具体工作任务，而是按照产品、时间和人员作综合安排。

1）产品安排。它是指按照产品的需求特征、加工特性、所需人员和设备的相似性等，将产品综合为几大系列，根据产品系列来制订综合生产计划。

2）时间安排。综合生产计划的计划期通常是 1 年（有些生产周期较长的产品，如大型设备等，其计划期可能是 2 年、3 年或 5 年），因此有些企业也把综合生产计划称为年度生产计划或年度生产大纲。在该计划期内，所使用的计划时间单位是月、双月或季。

3）人员安排。综合生产计划可用几种不同的方式来考虑人员安排的问题，例如，按照产品系列分别考虑生产各系列产品对人员的要求，或将人员根据产品的工艺特点和人员所需的技能水平分组等。综合生产计划中对于人员的考虑还包括当产品需求变化引起人员需求数量变动时，决定采取何种策略。表 5-4 所示为 M 公司的综合生产计划。

表 5-4 M 公司的综合生产计划

时间	1月	2月	3月
A 系列产品产量 / 台	1000	1500	3000
B 系列产品产量 / 台	4000	4000	4000
总工时 /min	3250	3400	3750

2. 主生产计划

主生产计划（Master Production Schedule，MPS）要确定每一具体的最终产品在每一具体时间段内的生产数量。这里的最终产品是指对企业来说最终完成的、要出厂的生产成品，它可以是直接用于消费的产品，也可以是其他企业使用的部件或配件。主生产计划通常以周为单位，在有些情况下，也可能是月、旬或天。根据表 5-4 的综合生产计划所制订的主生产计划见表 5-5，表 5-5 中的 A 系列产品分为 A0 车型、A1 车型、A2 车型三种。

表 5-5 M 公司的主生产计划

月份	1月				2月				3月			
周次	1	2	3	4	1	2	3	4	1	2	3	4
A0 车型产量 / 台		120		120		150		150		300		300
A1 车型产量 / 台	150	150	150	150	250	250	250	250	500	500	500	500
A2 车型产量 / 台	80		80		100		100		200		200	
月产量 / 台	1000				1500				3000			

3. 物料需求计划

在主生产计划确定之后，为了能顺利实施，就要确保计划产量所需的全部物料（原材料、零件、部件等）以及其他资源在需要的时候能供应上。物料需求计划（Material Requirement Planning，MRP）就是指生产所需的原材料、零件和部件的生产和采购计划：外购什么、生产什么，什么物料必须在什么时候订货或开始生产、数量是多少等。

物料需求计划要解决的是在按主生产计划进行生产的过程中对相关物料的需求问题，而不是对这些相关物料的独立的、随机的需求问题。这种相关需求的计划和管理比独立需求要复杂得多，对于一个企业来说十分重要。这是因为只要在物料需求计划中漏掉或延误一个零件，就会导致整个产品的生产不能按时完成。综合生产计划、主生产计划和物料需求计划之间的关系如图 5-5 所示。

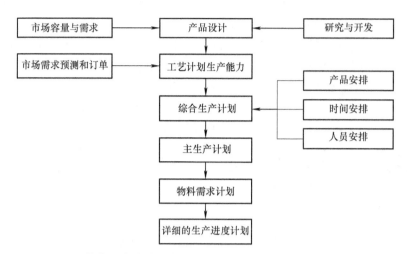

图 5-5 综合生产计划、主生产计划和物料需求计划之间的关系

2.3.3 传统的企业生产计划与供应链管理下的生产计划的对比

1. 传统企业生产计划的局限性

由于目前企业的生产计划带有很大的不确定性,受很多外在和内在因素的影响,导致传统的企业生产计划已无法满足目前企业的生产要求,呈现出很大的局限性,主要表现在以下方面:

1) 以企业自身的物料需求为中心展开,受企业资源能力的约束。
2) 在原材料和外协零部件的供应方面,缺乏与供应商的协调。
3) 企业生产计划的制订没有考虑供应商和分销商的能力。
4) 不确定性对库存和服务水平有影响,具体表现为库存控制难度大。

2. 供应链管理下的生产计划的新特点

供应链管理下的生产计划是伴随企业发展而来的产物,特别是随着信息化时代的到来,信息资源集成对生产计划的编制有深远影响。在供应链管理下,与企业具有战略伙伴关系的企业资源,通过物资流、信息流和资金流的紧密合作,成为企业制造资源的拓展。此种生产计划具有很多新的特点,主要表现在以下方面:

1) 具有纵向和横向的信息集成过程。纵向是指供应链由下游向上游的信息集成,横向体现为业务外包、资源外用。
2) 丰富了能力平衡在计划中的作用。生产任务和生产能力之间要寻求能力平衡,要根据能力平衡的结果修正生产计划。同时,能力平衡的结果是主生产计划和投入产出计划修正的依据和外包、外协决策的依据。
3) 计划的循环过程突破了企业的限制,生产计划的信息流跨越了企业边界。

2.3.4 企业生产计划的编制方法

企业生产计划从定义上来看,是指企业生产运作系统的总体计划,包括计划期内的生产任务,如产出产品的数量、品种、质量等的总体安排。因此,在编制企业生产计划时,往往要考虑企业往年的产值和产量、经济大环境的发展和销售情况、市场需求情况,以此变更和调整生产任务目标。为了编制出更符合企业发展并在发挥企业最大生产效率的同时最小化生产成本,目前出现了以下几种企业生产计划编制方法。

1. 甘特图法

甘特图是作业排序中最常用的一种工具，它最早由亨利·劳伦斯·甘特（Henry Laurence Gantt，1861—1919）于1917年提出。这种方法以作业排序为目的，是将活动与时间联系起来的工具之一。甘特图具有简单、醒目和便于编制等特点，在企业管理工作中被广泛应用。甘特图按反映的内容不同，可分为计划图表、负荷图表、机器闲置图表、人员闲置图表和进度表五种形式。某企业采购与生产计划甘特图如图5-6所示。

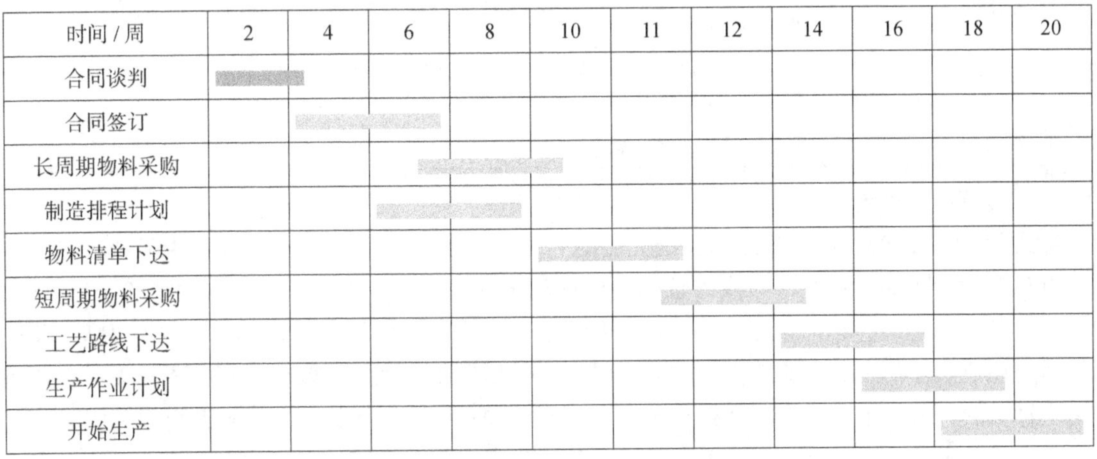

时间/周	2	4	6	8	10	11	12	14	16	18	20
合同谈判	▨										
合同签订		▨▨									
长周期物料采购			▨▨▨								
制造排程计划				▨▨							
物料清单下达					▨▨						
短周期物料采购						▨▨					
工艺路线下达								▨			
生产作业计划									▨		
开始生产										▨▨	

图 5-6　某企业采购与生产计划甘特图

2. 滚动计划法

滚动计划法是指根据一定时期内计划的执行情况，考虑企业内外环境条件的变化，从而调整和修订出来的，并相应将计划期顺延一个时期，把近期计划和长期计划结合起来的一种编制计划的方法。在计划编制过程中，尤其在编制长期计划时，为了能准确地预测影响计划执行的各种因素，可以采取近细远粗的办法：近期计划制订得较细、较具体，远期计划制订得较粗、较概略。在一个计划期结束时，根据上期计划执行的结果和产生条件、市场需求的变化，对原订计划进行必要的调整和修订，并将计划期顺序向前推进一期，如此不断滚动、不断延伸。例如，某企业在2005年年底制订了2006—2010年的五年计划，如采用滚动计划法，到2006年年底，可根据当年计划完成的实际情况和客观条件的变化，对原订的五年计划进行必要的调整，在此基础上再编制2007—2011年的五年计划，其后依此类推。

可见，滚动计划法能够根据变化的组织环境及时调整和修正组织计划，体现了计划的动态适应性。而且，它可使中长期计划与年度计划紧密地衔接起来。

滚动计划法既可用于编制长期计划，也可用于编制年度、季度生产计划和月度生产作业计划。不同计划的滚动期不一样，一般来说，长期计划按年滚动，年度计划按季滚动，月度计划按旬滚动等。

3. 分层编制法

对于一般的制造企业来说，其组织结构可分为不同的层次，较常见的是三级层次：工厂级、车间级、班组（工作地）级。相应地，对于企业的实际生产计划，通常也可分为三个层次的计划：高层计划、中层计划、低层计划，即厂级生产计划、车间级生产计划和班组级作业计划。

有时也用产品级生产计划、零件级生产计划和工序级作业计划表示三级生产计划结构。尽管还有其他的分层方法,但三级生产计划结构是最常见的。因为三级生产计划结构既与制造企业组织结构的层次相吻合,也与产品的结构和工艺相对应,比较符合企业管理的习惯。三级生产计划结构见表 5-6。

表 5-6 三级生产计划结构

层次	内容	更新周期 / 计划期
高层计划	根据用户订货和市场预测制订长期（通常是 1 年）生产计划,常用的方法有 MPS（主生产计划）等	月或周 / 年
中层计划	根据 MPS 生成成品与部件装配计划、零件需求计划,最常用的方法有 MRP（物料需求计划）等	周 / 月
低层计划	根据 MRP 生成车间内部工序级生产作业计划	日 / 周

4. 最优生产技术

最优生产技术（Optimized Production Technology，OPT）是一种计划与调度的工具。它是由以色列学者于 20 世纪 70 年代末首创的一种用于安排企业生产人力和物流调度的计划方法。OPT 的基本原理是：面对要生产的产品,找出影响生产进度的最薄弱环节,集中主要精力保证最薄弱环节满负荷工作,避免其影响生产进度,以缩短生产周期,降低在制品库存。在企业的生产过程中,整个生产系统生产效率最薄弱的环节被称为关键资源。关键资源可以是人、工艺设备、运输设备、物料等。利用关键资源加工的工序称为关键工序,也称为瓶颈工序,含有关键工序的零部件称为关键零部件。实现 OPT 的主要方法为：

1）最大程度保证关键资源的满负荷工作。

2）关键资源的利用决定非关键资源的利用率。

3）对关键资源的前导工序和后续工序采取不同的计划方法。OPT 分为两个步骤,先编制生产单元中关键件的生产计划,在确定关键件生产进度的前提下,再编制生产单元中非关键件的生产计划。

下面简单介绍 OPT 的实施步骤：

（1）估算零部件的交货期和工序交货期

估算零部件的交货期和工序交货期的依据是主生产计划、产品结构信息、工艺路线及库存信息。在产品结构不复杂的情况下,可以利用 MRP 的处理逻辑方法来估算零部件的交货期和工序交货期。

（2）平衡关键资源并确定关键资源

在此步骤,可将零部件按类别分配到各个生产单元,并核算各个生产单元各个生产设备的负荷,根据实际负荷和额定负荷进行能力分析,确定关键资源。分析步骤如下：

首先,按时间分段计算各生产设备的计划负荷。

其次,若设备额定能力为 A,计划负荷为 B,已下达的负荷为 C,则：

1）$B/(A-C) \geq 1$,表示该设备在计划期内有剩余能力,可以满足计划任务。

2）$B/(A-C) < 1$,表示该设备在计划期内超负荷,应采取一定措施,以保证计划任务的完成或调整主生产计划。

最后，在能力平衡的前提下，将 $B/(A-C)$ 等于或接近 1 的设备定义为该生产单元的关键资源。$B/(A-C)$ 称为设备负荷率。

（3）确定关键工序及关键零部件

在此步骤，可将利用关键资源加工的工序确定为关键工序，将含有关键工序的零部件确定为关键零部件。

（4）编制关键零部件的生产计划

1) 对于每一台关键设备，从在该台设备上加工的全部关键工序中选出工序交货期最晚的工序（也叫瓶颈工序），并确定该工序的开工日期和完工日期。

2) 以上述工序的开工日期和完工日期为基准，根据在该台设备上加工的各关键工序的交货期的先后，按照有限能力计划法，由后往前倒排，初步确定各关键工序的开工日期和完工日期。

3) 对于关键工序之前的一般工序，按拉动型的计划原则，以关键工序为基准由后往前倒排。

4) 对于关键工序之后的一般工序，按推动型的计划原则，以关键工序为基准由前往后顺排。

5) 当个别零件的最后完工日期超出计划规定的交货日期时，应调整零件在关键设备上的排列顺序，力求消除误工或尽可能减少误工。

6) 如果计划的生产任务与已定的生产任务在关键设备上不衔接时，应调整关键设备上的时间顺序，从而使关键设备尽量不出现空闲时间。

（5）编制非关键零部件的生产计划

非关键零部件的生产计划编制应满足以下两个要求：

1) 满足零件成套生产的需求。

2) 平衡生产负荷和生产能力。

因此，非关键零部件的生产计划编制只需要确定投产顺序和各周的生产清单。具体的投产日期和具体进度由日计划确定。

5. 利用 ERP 系统生成生产计划

企业资源计划（Enterprise Resource Planning，ERP）最早是由美国高德纳（Gartner）咨询公司在 20 世纪 90 年代初总结提出的概念。ERP 是一个面向供应链管理的管理信息集成，它着眼于供应链的整体管理，将供应商、制造商、用户、协作厂家甚至竞争对手都纳入管理的资源，使业务流程更加紧密地集成在一起，进而提高了对用户的响应速度。

ERP 系统生成生产计划的一般过程：首先，企业根据发展的需要与市场需求制订企业生产规划，根据生产规划制订主生产计划，同时进行生产能力与负荷分析。该过程主要是针对关键资源的能力与负荷的分析过程。只有通过对该过程进行分析，才能达到主生产计划基本可靠的要求。其次，根据主生产计划、企业的物料库存信息、产品结构清单等信息来制订物料需求计划。再次，由物料需求计划、产品生产工艺路线和车间各加工工序能力数据来生成对能力的需求计划，通过对各加工工序能力的平衡，调整物料需求计划。如果这个阶段无法平衡能力，还有可能修改主生产计划。最后，生成生产作业计划并按照平衡能力后的物料需求计划执行，并进行能力的控制，根据作业执行结果反馈到计划层。

2.4 任务计划

独立查阅信息
教师活动：教师分享企业生产计划编制案例。
学生活动：学生独立思考案例中需要注意的问题点。

小组制定方案报告并展示
教师活动：教师要求学生以小组为单位讨论案例，并分享汽车制造企业生产计划编制方案报告。
学生活动：学生分小组讨论，小组合作完成方案报告的制定。

2.5 任务决策

实战演习任务决策
教师活动：教师选出一个学生代表（这个学生是以往表达不清晰的）进行问题点陈述和方案报告的展示。
学生活动：被选出的学生进行汇报展示，让其他学生观察，并进行口头评价、补充、改进。

提交任务决策
教师活动：教师对每个学生小组的方案报告进行确认。
学生活动：每个小组制定方案报告，并在任务工作单上表述出来。

2.6 任务实施

示范操作
教师活动：教师亲自示范讲解生产计划编制方案报告，或者播放相关的微课视频。
学生活动：学生观察教师的示范表达，或者观看微课视频中的示例内容。

操作实施
教师活动：教师将学生分组，并要求学生分工明确。在实施过程中，教师进行巡视、指导。
学生活动：学生分组，分别对相关内容进行讨论和分享。每组5人，各自分享观点，并对讨论内容进行汇总整理，制定最终方案，最终由指定学生代表上台进行汇报分享。

2.7 任务检查

教师活动：教师提供任务检查单。教师要求学生分组，小组合作完成任务检查，并在任务检查单上进行标注。教师要求学生小组成员对工作过程和工作计划进行监督和评估，记录优缺点及改进建议,并口头表述。教师要重点引导学生对小组内其他成员的支持性意见的表达,并训练学生接纳他人的建议。

学生活动:学生分组,小组合作完成任务检查,并在任务检查单上进行标注。学生按照教师的规定对小组内其他成员的工作过程提出改进建议。

2.8 任务评价

教师活动:教师归纳整理理论体系,以一页 PPT 展示知识点、技能点和素养点。
学生活动:学生认真反思、倾听,构建适合自己学习的知识体系。学生对照学习目标进行自我评价。

任务 3 分析生产计划管理与控制策略

3.1 任务描述

全员分组讨论

学生活动:学生分组,10 人一组。每组展开讨论,讨论主题:对生产计划管理与控制策略的认识。选派组长进行发言。
教师活动:教师观察学生的讨论过程,观察各组学生的表现。

全员换位评价

学生对其他小组分析说明的内容进行评价,说出其他小组所述内容的优缺点。

提交评价表

教师活动:教师要求学生根据自己对任务的讨论完成情况进行评价,并提出改进意见。
学生活动:学生在任务工作单上进行自评和互评。

3.2 任务分析

教师活动:教师提供任务工作单,指导学生深入学习生产计划管理与控制策略的相关知识。
学生活动:根据教师提供的资料和教材内容进行查阅和讨论,并形成适用的汽车制造企业生产计划管理与控制策略。

3.3 理论学习

3.3.1 生产计划管理与控制的内容

供应链环境下的汽车制造企业的生产计划管理与控制和传统的企业生产计划管理与控制的

模式不同。供应链管理环境下需要更多的协调机制（企业内部和企业之间的协调），体现了供应链的战略伙伴关系原则。供应链环境下的生产计划管理与控制包括以下内容。

1. 生产进度控制

生产进度控制的目的是依据生产作业计划，检查零部件的投入和出产数量、出产时间和配套性，保证产品能准时装配出厂。供应链环境下的生产进度控制与传统生产模式下的生产进度控制不同，由于许多产品是协作生产和转包的业务，相对于传统的企业内部的进度控制来说，其控制的难度更大，必须建立一种有效的跟踪机制进行生产进度信息的跟踪和反馈。生产进度控制在供应链管理中有重要作用，因此必须研究解决供应链企业之间的信息跟踪机制和快速反应机制。

2. 供应链的生产节奏控制

供应链的同步化需要解决供应链企业之间的生产同步化问题，只有各供应链企业之间以及企业内部各部门之间保持步调一致，供应链的同步化才能实现。供应链形成的准时生产系统，要求上游企业准时为下游企业提供必需的零部件。如果供应链中的任何一个企业不能准时交货，都会导致供应链不稳定或中断，导致供应链对用户的响应性下降，因此严格控制供应链的生产节奏对增强供应链的敏捷性来说是十分重要的。

3. 提前期管理

基于时间的竞争是 20 世纪 90 年代提出的一种新的竞争策略，具体到企业的运作层，主要体现为提前期管理，这是实现快速反应、有效客户反应策略的重要内容。在供应链环境下的生产控制中，提前期管理是实现快速响应用户需求的有效途径。缩小提前期、提高交货期的准时性是保证供应链具备柔性和敏捷性的关键。缺乏对供应商不确定性的有效控制是供应链提前期管理中的一大难点，因此，建立有效的供应链提前期的管理模式和交货期的设置系统是供应链提前期管理中值得研究的问题。

4. 库存控制与在制品管理

库存在应对需求不确定性时有积极的作用，但同时库存又是一种资源浪费。在供应链管理模式下，通过实施多级、多点、多方管理库存的策略，对提高供应链环境下的库存管理水平、降低制造成本有着重要意义。这种管理模式涉及的部门不仅仅在企业内部。基于 JIT 的供应与采购、供应商管理库存、联合库存管理等是供应链库存管理的新方法，都对降低库存有重要作用。因此，建立供应链管理环境下的库存控制体系和运作模式对提高供应链的库存管理水平有重要作用，也是供应链企业生产控制的重要手段。

3.3.2 生产计划管理与控制的策略

采用什么样的策略来具体实施战略是非常重要的。战略实施是以行动为导向的，选择什么样的策略来支持供应链战略至关重要；策略是战略的必要条件，策略执行得越好，就越有可能完成既定的战略目标。生产计划管理与控制是供应链战略的核心内容，企业如何选择策略和策略组合来支持战略成为实施供应链战略成败的关键因素之一。

1. 柔性策略

柔性是指企业接受改变订货规格、交货时间或订货数量的能力，这对于那些置身于迅速变化的或不确定性很高的市场的运作系统尤为重要。柔性实际上是对承诺的一种完善。承诺是企业对合作伙伴的保证，只有在此基础上，企业与合作伙伴之间才能具有基本的信任，它们才可以获得相对稳定的需求信息。然而，由于承诺的下达在时间上超过了承诺本身付诸实施的时间，因此，尽管承诺方一般来讲都尽力使承诺与未来的实际情况接近，误差却是难以避免的。柔性的提出为承诺方缓解了这一矛盾，使承诺方有可能修正原有的承诺。可见，承诺与柔性是供应合同签订的关键要素。

企业完成一份订单不能脱离上游企业的支持，因此，在编制生产计划时要尽可能借助外部资源，必要时要考虑如何利用上游企业的生产能力。任何企业在现有的技术水平和组织条件下都具有一个最大的生产能力，但最大的生产能力并不等于最优生产负荷。在上下游企业间稳定的供应关系形成后，上游企业从自身利益出发，更希望所有与之相关的下游企业在同一时期的总需求与自身的生产能力相匹配。上游企业的这种对生产负荷量的期望可以通过合同、协议等形式反映出来，即上游企业提供给每一个相关的下游企业一定的生产能力，并允许有一定程度的浮动。这样，在下游企业编制生产计划时就必须考虑上游企业的这一能力上的约束。

在通常的概念中，能力平衡只是一种分析生产任务与生产能力之间差距的手段。在供应链管理下制订生产计划的过程中，能力平衡发挥了以下作用：为修正主生产计划和投入出产计划提供依据，这也是能力平衡的传统作用；能力平衡是进行外包决策和零部件（原材料）急件外购的决策依据；在主生产计划和投入出产计划中所使用的上游企业能力数据，反映了其在合作中所愿意承担的生产负荷，该数据可以为供应链管理的高效运作提供保证；在信息技术的支持下，对本企业和上游企业的能力状态的实时更新使生产计划具有较高的可行性。

显而易见，使生产能力在近期进行大幅度调整并不是一件非常容易的事。事实上，生产能力是具备一定的柔性的，企业能够通过一定的手段调整生产能力。尽管有些方法并不适用于某些类型的企业，但比较通用的方法有：

1）利用闲暇时间和增加工作时间。
2）改变劳动力规模。
3）寻求合作伙伴的合作。
4）加强全球协调与合作。

对于客户订单的变化，通过增加生产能力的柔性策略，制造企业能够以更快速的响应来满足客户需求，主动占据市场。当然，生产能力是有限的计划能力，生产能力的柔性也是有限的，任何以无限能力为假设的计划系统，必然会造成整个供应链的运行混乱、成本增加，反过来会降低供应链的反应能力。

2. 敏捷策略

敏捷是指一个组织对由产量和品种变化造成的市场需求变化做出快速响应的能力。持续不断的变化对每一个企业的供应链管理人员来讲都是很普遍的现象。当今，变化的速度、范围和不可预知性在激烈的竞争环境中，对大多数企业形成了巨大的压力和挑战。敏捷意味着要对大范围的、不可预知的商业环境的变化采取快速响应的策略和与之对应的运作方式。作为供应链管理的重要组成部分，生产计划管理与控制采用敏捷策略是必需的。敏捷代表企业的一种业务能力，其中包含组织结构、信息系统、物流过程等，更重要的是，它是一种思维模式。为了实现敏捷的供应链管理，延迟策略在生产领域被广泛应用，在所有的敏捷策略中，它是一个非常重要的因素。延迟策略是一种产品设计原则，其核心思想是在采用通用平台、部件或模块进行产品设计的基础上，将最终产品的装配或客户化过程推迟至市场需求和用户需求都十分清晰明确之后再进行产品设计。延迟策略对生产计划管理与控制的效率和准确性都有很大的影响，主要表现在以下方面：

1)对通用件的预测比对最终产品的预测要容易,使生产计划的安排更具有准确性。平稳的生产计划无疑会提高生产能力的利用率,使生产成本大大降低。

2)由于库存都是一些通用件,意味着用同样的部件、模块或平台可以生产多品种合成的产品。组装时间的缩短,使对客户订单的反应时间缩短,提高了计划的执行速度。

3)延迟策略使库存可以维持在一个普通的水平,库存的品种数较少,因此整体库存较低,有利于生产计划的有效控制。

汽车底盘 VIN(车辆识别代号)的确认和打刻由过去在焊装车间操作改为在总装车间车辆下线前操作,这样做是为了敏捷应对销售市场的变化。

3.4 任务计划

独立查阅信息

教师活动:教师分享企业生产计划管理与控制案例。
学生活动:学生独立思考案例中需要注意的问题点及改善方案。

小组制定改善方案并展示

教师活动:教师要求学生以小组为单位讨论案例,并分享汽车制造企业生产计划管理与控制改善方案。
学生活动:学生分小组讨论,小组合作完成改善方案的制定。

3.5 任务决策

实战演习任务决策

教师活动:教师选出一个学生代表(这个学生是以往表达不清晰的)进行问题点陈述和方案的展示。
学生活动:被选出的学生代表进行汇报展示,让其他学生观察,并进行口头评价、补充、改进。

提交任务决策

教师活动:教师对每个学生小组的改善方案进行确认。
学生活动:每个小组制定改善方案,并在任务工作单上表述出来。

3.6 任务实施

示范操作

教师活动:教师亲自示范讲解企业的生产计划管理与控制案例,或者播放相关的微课视频。
学生活动:学生观察教师的示范表达,或者观看微课视频中的示例内容。

项目 5
生产计划管理与控制

操作实施

教师活动：教师将学生分组，并要求学生分工明确。在实施过程中，教师进行巡视、指导。

学生活动：学生分组，分别对相关内容进行讨论和分享。每组 5 人，各自分享观点，并对讨论内容进行汇总整理，制定最终方案，最终由指定学生代表上台进行汇报分享。

3.7 任务检查

教师活动：教师提供任务检查单。教师要求学生分组，小组合作完成任务检查，并在任务检查单上进行标注。教师要求学生小组成员对工作过程和工作计划进行监督和评估，记录优缺点及改进建议，并口头表述。教师要重点引导学生对小组内其他成员的支持性意见的表达，并训练学生接纳他人的建议。

学生活动：学生分组，小组合作完成任务检查，并在任务检查单上进行标注。学生按照教师的规定对小组内其他成员的工作过程提出改进建议。

3.8 任务评价

教师活动：教师归纳整理理论体系，以一页 PPT 展示知识点、技能点和素养点。

学生活动：学生认真反思、倾听，构建适合自己学习的知识体系。学生对照学习目标进行自我评价。

课程育人（五）

库存管理不是生产过程中最重要的环节，很多小企业甚至不会做库存管理，它们心存"兵来将挡，水来土掩"的想法。如果做好库存管理，会提升整个生产环节的效率，并大大降低生产库存成本。生产计划的编制固然重要，但在生产计划的执行过程中，会遇到各种各样的问题。而做好生产进度控制，实时调整计划以应对突发情况是生产计划执行过程中最为重要的一步。

在学习和工作中，由于很多环节看似不是必需的，所以很多人不在意这些环节，但往往"千里之堤，毁于蚁穴"。在生活中，只有注意细节，把控每一个环节，才能取得成功。

对于汽车生产企业或其他生产类企业来说，生产计划的编制都是不可或缺的一环，因为生产计划是整个工厂运作的基础，所有与生产相关的物资、人力和保障等都随着生产计划的变化而变化。

在学习和工作中，计划也是伴随我们一生的，如人生规划、结婚计划、生育计划、学习计划等，只有做好相应的计划，并在计划实施过程中做好调整，才不会迷茫，才能越来越接近目标。

在学习和工作中也是一样的，只有计划是不行的，有序有效地推进计划实施，才是实现最终目标的切实保障。古人云："纸上得来终觉浅，绝知此事要躬行。"这句话也从侧面反映了实施的重要性。

项目 6
生产智能物流

教学准备

教学情境准备

教师活动：由教师指导对整个班级进行分组，并由各小组讨论，选举出组长。教师安排组长负责小组管理，如分配、分解任务，小组团队建设，班内的协调工作等。

学生活动：组长根据对作业指导书及相关资料的学习，通过小组讨论来分解、分配任务，同时组长担任任务完成检查员。

教学目标准备

素养点：
1. 在小组中能够良好地表达自我，并懂得倾听他人
2. 能够阅读相关的教学资料
3. 通过查阅资料能够使用工具
4. 能够形成完善的逻辑思维
5. 培养创新思维，用发展的眼光看问题
6. 养成多思考的习惯，总结每日学习成果
7. 能够参与小组合作
8. 能够与他人进行有效的沟通和交流

知识点：
1. 生产智能物流设备 AGV

2. 生产物料管理系统
技能点：
1. 掌握 AGV 关键技术
2. 掌握生产智能物流升级要素
3. 操作相关的生产物料管理系统

资料清单

1. 教材和电子课件
2. 任务工作单
3. 智能物流纪录片视频
4. 中国 AGV 行业分析报告
5. 生产物料管理系统操作指南
6. 任务检查单
7. 评价表

任务 1　认识生产智能物流设备 AGV

1.1　任务描述

微课视频
生产智能物流设备
AGV 及关键技术

全员分组讨论

学生活动：学生分组，10 人一组。每组展开讨论，讨论主题：对生产智能设备 AGV 的认识。选派组长进行发言。

教师活动：教师观察学生的讨论过程，观察各组学生的表现。

全员换位评价

学生对其他小组分析说明的内容进行评价，说出其他小组所述内容的优缺点。

提交评价表

教师活动：教师要求学生根据自己对任务的讨论完成情况进行评价，并提出改进意见。

学生活动：学生在任务工作单上进行自评和互评。

1.2 任务分析

教师活动：教师提供任务工作单、智能物流纪录片视频，指导学生完成对生产智能物流设备 AGV 的认知。

学生活动：根据教师提供的资料和教材内容进行查阅与讨论，并形成系统化逻辑思维。

1.3 理论学习

1.3.1 生产智能物流

2016 年，智能物流与仓储装备被列为我国重点发展的五大核心智能制造装备之一，得到政府与制造企业的高度重视。实现智能物流系统与智能制造系统的互通互联、深度融合是目前很多企业研究的课题。

1. 智能物流的概念

智能物流利用智能化技术集成，使物流系统能模仿人的智能，并具有思维、感知、学习、推理判断和自行解决物流中某些问题的能力。智能物流未来的发展将会体现出四个特点：智能化、一体化和层次化、柔性化、社会化。其主要体现为：在物流作业过程中的大量运筹与决策的智能化；以物流管理为核心，实现物流过程中的运输、存储、包装、装卸等环节的一体化和智能物流系统的层次化；智能物流的发展会更加突出"以顾客为中心"的理念，根据顾客需求的变化来灵活调节生产工艺；智能物流的发展将会促进区域经济的发展和世界资源的优化配置，实现社会化。智能物流系统包括四个智能机理，即信息的智能获取技术、智能传递技术、智能处理技术、智能运用技术。

在工业 4.0 和"中国制造 2025"的大环境倡导下，智能制造的应用日益广泛。对企业来说，企业内部的采购、生产、销售等流程都跟物流有关，因此越来越多的企业在重视工业自动化的同时，也特别重视车间物流自动化、智能化。在制造企业中，智能物流不仅连接着物料的供应和生产，还连接着物料的传送，车间物流的智能化对于制造企业来说是至关重要的。

2. 生产智能物流升级要素

从企业应用的角度来看，制造企业多热衷于以下几个方面的物流智能化改造升级：

（1）智能物流仓储管理升级

在工业 4.0 架构中，智能物流仓储是位于末端的，它是连接制造端和客户端的核心环节，是由智能物流仓储装备和智能物流仓储系统组成的，其中的智能物流仓储装备包括自动化立体仓库、多层穿梭车、巷道堆垛机、自动分拣机、自动引导搬运车等。智能物流仓储系统则按照实际业务需求对企业人员、物流、信息进行协调管理。物流仓储智能化改造主要是对智能物流仓储装备进行智能化改造，通过智能终端，利用射频识别、红外感应、激光扫描等技术获取物料的各种属性信息，以及在工厂内的流动情况。同时智能物流仓储设备与 ERP、WMS 等系统的集成使出入库、货位等相关的管理信息透明化，打通了仓库与生产现场之间的信息流。生产现场的物流需求可以由系统运算并下发指令至各类存储设备，实现物料的自动出库等。

（2）智能化生产线改造升级

目前，汽车、3C（通信、计算机、消费电子产品）电子、家电制造、食品包装、医疗、新能源、日化等行业的企业对生产和装配线进行自动化、智能化改造的需求十分旺盛,但并非所有的工序都适合进行自动化、智能化改造。在适合进行改造的工序上也要多引入智能化的手段,如机器视觉、RFID(射频识别)等,以实现智能化。由于生产数据的高度数字化,工业4.0生产线具有更高的安全性,能够做到工序出错和质量偏离预警管理。生产线加入多种避免操作者出错的"防呆"设计,以降低次品率、解放劳动力。同时,生产线出现故障的时间也被尽可能地缩短。通过堆垛机、AGV、机械手的协作,将人工操作的复杂工序交由智能设备和系统完成,使生产线更加高效、安全,更加宜人化。

(3)拣选设备及系统改造升级

拣选方式主要包括电子标签拣选、语音拣选、工位拣选、拣选车拣选等,这些方式主要用于对仓库末端货物的拣选操作。目前,拣选设备及系统正向人机协作智能化方向发展,注重人机配合,在电商、快递等业务量较大的仓储物流中心应用较为广泛。拣选设备根据信息化架构的要求,可以直接与MES对接,也可以与数据交换中心对接,实现了高效的作业,如图6-1所示。

图6-1 拣选设备及系统改造升级

随着"中国制造2025"的提出,智能化和网联化成为制造业发展的潮流趋势。想要全面提升制造业的发展质量和水平,就必须改变以往粗放式的经营模式,提升生产和经营效率,智慧仓储和物流也许是最好的契机。

智能物流最显著的特点是可以减员增效、准确高效,可以使产品质量和产量同步提升。另外就是可以帮助企业转型升级,从大规模的制造转向小规模的批量化定制,这都与智能物流的发展密切相关。智能物流在制造企业的外部供应链和内部生产中均处于核心地位。

3. 智能物流的进化阶段

(1)机械化时期

叉车是这一时期的典型代表,它实现了作业的机械化,大大提高了搬运和装卸效率,减轻了工人的工作强度。

(2)自动化时期

这一时期出现了早期的AGV搬运系统,导引技术是靠感应埋在地下的导线产生的电磁波频率,从而指引AGV沿着预定路径行驶的。但路径相对固定,AGV不具备自动避障能力,控制系统单一。

（3）高柔性自动化时期

这一时期的 AGV 在新的导航方式（激光导航、惯性导航、GPS 导航等）的引领下，路径变得多样化，控制系统也可以做到简单路径优化和规避。智能穿梭车的出行，使 AGV 开始从二维平面运动拓展到三维空间，使立体仓库存储成为现实，大大提高了仓库的空间利用率，同时车辆控制系统可以与仓储管理系统无缝衔接，实现了出入库的自动化，降低了人工成本，提升了物流运作效率。

（4）智能化时期

这个时期的物流发展不再局限于存储、搬运、分拣等单一作业环节的自动化，而是大量应用 RFID、机器人、AGV 以及 MES、WMS 等智能化设备与软件，以实现整个物流流程的整体自动化与智能化。这个时期的物流系统融入了大量的人工智能技术、自动化技术、信息技术，例如，大数据、数字化等相关技术，不仅将企业物流过程中的装卸、存储、包装、运输等环节集合成一体化系统，还将生产工艺与智能物流高度衔接，实现了整个智能工厂的物流与生产的高度融合。

1.3.2 生产智能物流设备 AGV

AGV 是自动导引车（Automated Guided Vehicle）的英文名称的缩写，它是指装备电磁或光学等自动导引装置，能够沿规定的导引路径行驶，具有安全保护以及各种移载功能的运输小车；它可以通过计算机远程控制其运行行为并对其各种运行状态进行监控。

1. AGV 的应用场景

（1）物流仓储业

物流仓储业是 AGV 最早应用的场所。1954 年，世界上首台 AGV 在美国南卡罗来纳州的 Mercury Motor Freight 公司的仓库内投入运营，用于实现出入库货物的自动搬运。在海尔集团于 2000 年投产运行的开发区立体仓库中，9 台 AGV 组成了一个柔性的库内自动搬运系统，成功地完成了每天 23400 件出入库货物和零部件的搬运任务。海尔工厂 AGV 示意图如图 6-2 所示。

图 6-2 海尔工厂 AGV 示意图

（2）制造业

1974 年，瑞典的 Volvo Kalmar 轿车装配厂为了提高运输系统的灵活性，采用基于 AGVS（自动导向搬运车系统）为载运工具的自动轿车装配线，该装配线由多台可装载轿车车体的 AGVS 组成，采用该装配线后，装配时间减少了 20%，装配故障减少了 39%，投资回收时间减少了 57%，劳动力减少了 5%。目前，AGV 在世界的主要汽车厂，如通用、丰田、克莱斯勒、大众等汽车厂的制造和装配线上得到了普遍应用，如图 6-3 所示。

图 6-3 AGV 在汽车制造业的应用

（3）邮局、图书馆、港口、码头和机场

在邮局、图书馆、港口、码头和机场等场合，物品的运送具有作业量变化大、动态性强、作业流程经常调整，以及搬运作业过程单一等特点。AGV 的并行作业、自动化、智能化和柔性化的特性能够很好地满足这些场合的搬运要求。瑞典于 1983 年在斯德哥尔摩邮局、日本于 1988 年在东京多摩邮局、中国在 1990 年于上海邮政枢纽开始使用 AGV，完成邮品的搬运工作。在荷兰鹿特丹港口，50 辆被称为"Yard Tractor"（庭院拖拉机）的 AGV 完成集装箱从船边运送到几百米以外的仓库这一重复性的工作。AGV 在港口、码头的应用如图 6-4 所示。

图 6-4 AGV 在港口、码头的应用

（4）烟草、医药、食品、化工等行业

对于搬运作业有清洁、安全、无排放污染等特殊要求的烟草、医药、食品、化工等行业，AGV 的应用也受到重视。在国内的许多烟草企业，如青岛颐中集团、红塔集团、红河卷烟厂、淮阴卷烟厂，都应用激光引导式 AGV 完成托盘货物的搬运工作，如图 6-5 所示。

图 6-5 AGV 在烟草企业的应用

（5）危险场所和特种行业

在军事上，以 AGV 的自动驾驶为基础集成的其他探测和拆卸设备，可用于战场排雷和阵地侦察。英国军方的 MINDER Recce 是一辆侦察车，它是一种具有地雷探测、销毁及航路验证能力的自动型侦察车。在钢铁厂，AGV 用于炉料运送，减轻了工人的劳动强度。在核电站和利用核辐射进行保鲜储存的场所，AGV 用于物品的运送以及辐射强度信号检测，避免了对人员的辐射。在胶卷和胶片仓库，AGV 可以在黑暗的环境中，准确可靠地运送物料和半成品，如图 6-6 所示。

图 6-6　AGV 在特种行业的应用

2. AGV 的关键技术

AGV 属于工业机器人的一种，具有与工业机器人相同的产业链结构，其上游为机器人零部件制造商，这一部分是产业链的核心，在机器人产品中占绝大多数成本；中游为机器人制造与系统集成企业；下游则包括汽车、3C 电子、物流等应用行业。国内移动机器人市场目前的国产化率很高，达 80% 以上。

AGV 从发明至今，其技术已有突破性进展，特别是在导航、运动控制、路径规划等关键技术方面的进步，使 AGV 具备了当前机器人的技术特征，主要包含导航技术、运动控制技术、路径规划和任务调度技术和通信技术。

（1）导航技术

AGV 之所以能够实现无人驾驶，导航和导引对其起到了至关重要的作用。随着技术的发展，目前能够用于 AGV 的导航（导引）技术主要有以下几种：磁条导航、电磁导航、光学导航、激光导航、视觉导航、惯性导航等。

1）磁条导航。磁条导航是一项非常成熟的技术，主要通过在路面上铺设磁条，通过磁导航传感器不间断地感应磁条产生的磁信号实现导航，通过读取预先埋设的 RFID 卡来完成指定任务。磁条导航的现场施工简单、成本低，对于声光无干扰性，AGV 运行线路明显，线路二次变更容易、变更周期短，对施工人员的技术要求低。但此导航技术灵活性差，AGV 只能沿磁条行走，更改路径需要重新铺设磁条，且磁条容易损坏，后期维护成本较高，如图 6-7 所示。

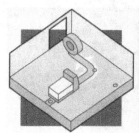 

图 6-7　磁条导航

2)电磁导航。电磁导航是较为传统的导航技术之一,目前仍被许多系统采用。它是指在 AGV 的行驶路径上埋设金属线,并在金属线加载导引频率,通过对导引频率的识别来实现 AGV 的导引,如图 6-8 所示。其主要优点是引线隐蔽,不易污染和破损,导航原理简单而可靠,便于控制和通信,对声光无干扰,制造成本较低。其缺点是路径难以更改扩展,对复杂路径的局限性较大。

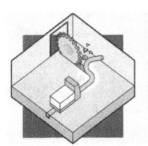

图 6-8 电磁导航

3)光学导航。光学导航是指在 AGV 的行驶路径上涂漆或粘贴色带,通过对摄像机采入的色带图像信号进行简单处理而实现自动导引。该导航技术具有色带跟踪导航、二维码识别等功能。光学导航技术成熟,应用也较为广泛。目前,亚马逊应用的 Kiva 机器人就是利用光学导航实现的。该导航技术灵活性比较好,地面路线设置简单易行,但对色带的污染和机械磨损十分敏感,对环境要求过高,导引可靠性较差,精度较低。

4)激光导航。激光导航是指在 AGV 行驶路径的周围安装位置精确的激光反射板,AGV 通过激光扫描器发射激光束,同时采集由反射板反射的激光束,来确定其当前的位置和航向,并通过连续的三角几何运算来实现 AGV 的导引,如图 6-9 所示。此项技术最大的优点是,AGV 定位精确,地面无需其他定位设施,行驶路径可灵活多变,能够适合多种现场环境。其缺点是制造成本高,对环境要求比较苛刻(外界光线、地面要求、能见度要求等),不适合室外(尤其容易受雨、雪、雾的影响)应用。

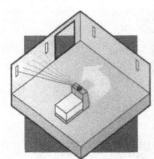

图 6-9 激光导航

5)视觉导航。视觉导航是指在 AGV 上安装 CCD(电荷耦合器件)摄像机,AGV 在行驶过程中通过视觉传感器采集图像信息,并通过对图像信息的处理确定 AGV 的当前位置,如图 6-10 所示。视觉导航技术具有路线设置灵活、适用范围广、成本低等优点。但是,由于利用车载视觉系统快速准确地实现路标识别这一技术瓶颈尚未得到突破,因此,目前该技术尚未进入实用阶段。

图 6-10 视觉导航

6）惯性导航。惯性导航是指在 AGV 上安装陀螺仪，在行驶区域的地面上安装定位块，AGV 可通过对陀螺仪偏差信号（角速率）的计算及地面定位块信号的采集来确定自身的位置和航向，从而实现导引。此项技术在军方较早被运用，其主要优点是技术先进，定位精准，地面处理工作量小，路径灵活性强。其缺点是制造成本较高，导引的精度和可靠性与陀螺仪的制造精度及其后续的信号处理密切相关，如图 6-11 所示。

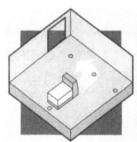

图 6-11 惯性导航

（2）运动控制技术

不同的车轮机构和布局有着不同的转向和控制方式，现阶段 AGV 的转向驱动方式包括两种：两轮差速驱动转向方式，即将两独立驱动轮同轴平行地固定于车体中部，其他的自由万向轮起支撑作用，控制器通过调节两驱动轮的转速和转向，可以实现任意转弯半径的转向；操舵轮控制转向方式，即通过控制操舵轮的偏航角实现转弯，其存在最小转弯半径的限制。

控制系统通过安装在驱动轴上的编码器反馈来组成一个闭环系统，目前基于两轮差速驱动的 AGV 路径跟踪方法主要有 PID（比例、积分、微分）控制法、最优预测控制法、专家系统控制法、神经网络控制法和模糊控制法。麦克纳姆轮如图 6-12 所示。

图 6-12 麦克纳姆轮

（3）路径规划和任务调度技术

该技术主要包括以下内容：

1）行驶路径规划。行驶路径规划是指解决 AGV 从出发点到目标点的路径问题，即"如何去"的问题。现阶段国内外已经有大量的人工智能算法被应用于 AGV 行驶路径规划中,如蚁群算法、遗传算法、图论法、虚拟力法、神经网络和 AI 算法等。

2)作业任务调度。作业任务调度是指根据当前作业的请求对任务进行处理,包括对基于一定规则的任务进行排序并安排合适的 AGV 处理任务等。它需要综合考虑各个 AGV 的任务执行次数、电能供应时间、工作与空闲时间等多个因素,以达到资源的合理应用和最优分配。

3)多机协调工作。多机协调工作是指如何有效利用多个 AGV 共同完成某一复杂任务,并解决过程中可能出现的系统冲突、资源竞争和死锁等一系列问题。现在常用的多机协调工作方法包括分布式协调控制法、道路交通规则控制法、基于多智能体理论控制法和基于 Petri 网理论的多机器人控制法。

(4)通信技术

1)有线通信。可利用导引线实现载波通信,布线隐蔽,不易污损。其主要用于电磁导引、简单路径和区域不大的场合。

2)红外光通信。红外光通信没有频率许可问题,通信速度快,容易控制,通信区须在清晰可见的范围,需要机械防护,对灰尘敏感,受其他光源及相同波长红外线的干扰。其适用于简单路径、没有遮挡和区域不大的场合,多用于电磁导航、磁带导航、光学导航的 AGV。

3)无线电通信。该通信技术有良好的空间覆盖范围,对一般的遮挡干扰不敏感;安装简单,容易保护;室外效果更好。其缺点是使用频率须获得许可,同一个系统内的所有 AGV 和地面基站须统一用一种频率,易受其他无线电设备的干扰。其适用于各种路径、各种导引方式,以及环境较复杂、区域较大的场合。

4)无线局域网。除具有无线电通信的基本特性外,还具有网络通信的各项特点,速度快、扩展方便、兼容性好,与其他系统连接便捷、成本低。其适用于各种路径、各种导引方式,以及环境较复杂、区域较大的场合。

1.4 任务计划

独立查阅信息

教师活动:教师提供中国 AGV 行业分析报告。
学生活动:学生独立查阅教师提供的报告,提炼整理报告的思维导图和逻辑关键词。

小组制订工作计划并展示

教师活动:教师要求学生小组合作制订《汽车生产企业 AGV 运用情况调研报告》的工作计划,把思维逻辑表达清晰。
学生活动:学生分小组讨论,小组合作完成调研报告的制定。

1.5 任务决策

实战演习任务决策

教师活动:教师选出一个学生代表(这个学生是以往表达不清晰的)和自己进行任务决策,

教师暂时担任小组长的角色。

  学生活动：被选出的学生代表与教师进行决策对话，让其他学生观察，并进行口头评价、补充、改进。

提交任务决策

  学生活动：每个小组制定调研报告，并在任务工作单上表述出来。
  教师活动：教师对每个学生小组的调研报告进行确认。

1.6 任务实施

示范操作

  教师活动：教师亲自示范讲解，或者播放相关的微课视频。
  学生活动：学生观察教师的示范表达，或者观看微课视频中的示例内容。

操作实施

  教师活动：教师将学生分组，并要求学生分工明确。在实施过程中，教师进行巡视、指导。
  学生活动：学生分组，分别对相关研究内容进行调研分析。每组 5 人，两组间分别针对分析报告进行说明表达，分别对其进行评价和监督，最终等待教师选派部分小组上台进行汇报。

1.7 任务检查

  教师活动：教师提供任务检查单。教师要求学生分组，小组合作完成任务检查，并在任务检查单上进行标注。教师要求学生小组成员对工作过程和工作计划进行监督和评估，记录优缺点及改进建议，并口头表述。教师要重点引导学生对小组内其他成员的支持性意见的表达，并训练学生接纳他人的建议。

  学生活动：学生分组，小组合作完成任务检查，并在任务检查单上进行标注。学生按照教师的规定对小组内其他成员的工作过程提出改进建议。

1.8 任务评价

  教师活动：教师归纳整理理论体系，以一页 PPT 展示知识点、技能点和素养点。
  学生活动：学生认真反思、倾听，构建适合自己学习的知识体系。学生对照学习目标进行自我评价。

任务 2 设置生产物料管理系统

2.1 任务描述

全员分组讨论

  学生活动：学生分组，10 人一组。每组展开讨论，分组完成生产物料管理系统的设置。

教师活动：教师观察学生的讨论过程，观察各组学生的表现。

全员换位评价

学生对其他小组分析说明的内容进行评价，说出其他小组所述内容的优缺点。

提交评价表

教师活动：教师要求学生根据自己对任务的讨论完成情况进行评价，并提出改进意见。
学生活动：学生在任务工作单上进行自评和互评。

2.2 任务分析

教师活动：教师提供任务工作单、生产物料管理系统操作指南，指导学生完成对生产物料管理系统的设置。
学生活动：根据教师提供的资料和教材内容进行查阅，完成对生产物料管理系统的设置。

2.3 理论学习

随着生产物料管理核心技术的不断发展，企业生产物料管理的信息化水平也呈现上升趋势，而生产物料管理系统的广泛应用便是最好的见证。该系统主要的管理对象为各种物料。物料管理作为企业资源计划的一个重要组成部分，是企业资源合理高效运用的关键。作为物流载体的物料管理是保证企业生产过程连续、均衡的基础，而生产物料管理系统则是加强物料管理的有效手段。

2.3.1 生产物料管理系统概况

生产物料管理系统（Materiel Management System）覆盖了集成的需求计划、采购、存货仓储等有关物料管理的所有任务。其具体涉及需求计划、采购管理、供应商管理、价格管理、合同管理、招投标管理、质量管理、库存管理、销售管理等各类相关业务。各类业务处理在公共的系统业务中心平台实现，并与预算中心、总账中心一起构成一个完整的三位一体的运行体系。生产物料管理系统作为企业 ERP（企业资源计划）系统的核心组成部分，可与其他子系统充分、有效集成。

ERP（Enterprise Resource Planning，企业资源计划）在世界范围内得到了越来越广泛的应用，它将企业的物流、资金流和信息流统一起来进行管理，对企业所拥有的资金、设备、人力资源、时间等各项资源进行综合平衡和充分考虑，最大限度地利用企业的现有资源取得更大的经济效益。ERP 涵盖的模块有很多，如销售管理、采购管理、库存管理、账款管理、财务管理、固资管理、出纳管理、人事工资管理、POS（销售终端）管理、分销管理、客户关系管理、出口管理、进口管理、生产管理等。

企业管理系统经历了三大发展阶段：MRP（物料需求计划）、MRP Ⅱ（制造资源计划）、ERP（企业资源计划）。

MRP 着重解决的是企业物流管理的问题，也就是生产物料系统是 EPR 的一个模块，这与 20 世纪 70 年代的大规模生产企业的 TQM（全面质量管理）JIT（准时制）等思想的要求一致。

MRP Ⅱ集成了企业制造、财务、销售、采购、工程技术等各个子系统，强调了对企业内部物流、资金流和信息流的管理，同时 MRP Ⅱ加入了提供决策的功能，这符合 20 世纪 80 年代所主张的战略管理的思想。

20 世纪 90 年代初发展起来的 ERP 软件则是面向企业供应链的管理，它将企业的运营流程看作是一个紧密连接的串行供应链，对链上的供应商、制造工厂、分销网络和客户等所有环节进行有效管理。ERP 更重视客户的需求变化和企业信息资源的综合管理，在生产上不仅考虑到适应市场需求的大批量生产，还要组织小批量、多品种、零库存的生产方式，这与以文化、技术、信息等为核心的知识管理思想是分不开的。

一般而言，制造业通常需要品种、规格繁多的原材料和配套件，所以各类物料的及时供应十分重要；同时，企业加强物料管理也是减少流动资金占用、改善企业各项技术经济指标的重要环节。在企业内部，物料管理发挥着非常重要的作用，生产物料管理系统便成为企业实现生产经营信息化的有力工具。各企业开发的生产物料管理系统更是以企业管理的高度统筹协调为基础，管理各类物料的相关业务，并充分利用现代的网络技术和信息技术，全面提升企业生产物料管理信息化水平和质量。

客观地讲，生产物料管理系统采用了制造业的 MRP 管理思想，生产物料管理软件将企业物资管理的全过程纳入系统管理范围，并使数据传输自动、实时，提高了员工工作效率，方便管理人员掌握实时业务过程，使企业物资管理工作向着制度化、规范化、透明化方向发展。其功能主要有物资预算、制订需求计划、采购招标、物资采购、到货验收、物资入库、物资出库、库存盘点、综合查询、成本核算、付款管理、供应商管理、物资维护、基础设置等。

2.3.2 生产物料管理系统的作用

1）生产物料管理系统的部署与应用能够帮助企业有效汇总、平衡物资需求，并实时对库存物资、待用物资的情况进行跟踪，及时掌握需求额度，并根据需求额度制订采购计划，选择采购方式。

2）生产物料管理系统能够指导生产部门、物资采购供应部门在正确的时间、正确的地点加工或采购正确数量的材料和零部件，对减少资金占用和仓储费，最大限度地实现企业的"零库存"有着重大意义。

3）通过生产物料管理系统，企业管理者能够查阅每个物资采购的全过程及物资的市场价格信息，并把物资采购与生产计划紧密相连，便于企业管理者全面把握采购工作，还可以帮助企业对库存物品的入库、出库、调拨和盘点等操作进行全面的控制和管理。

此外，生产物料管理系统还极大地方便了操作人员对库存物品的统计、查询，对物品流向跟踪，对物品分布及库存进行随时盘点，还可以让企业管理者自行对数据进行统计分析，可以方便查询和提取企业管理者所需要的数据，并从不同的视角对之进行比较分析，从而使企业管理者更方便、快捷、准确地把握企业的物资情况。

2.3.3 生产物料管理系统模块介绍

随着企业生产规模的扩大，对物料管理模式提出了新的要求。物料管理的有效性直接关系企业的经济收益。现在越来越多的制造企业使用生产物料管理系统来帮助其管控企业物料。尽管各企业生产物料管理系统所采用的软件各有差异，且界面多样化，但生产物料管理系统主要包括四大模块。

1. 订单管理

在线接收和处理订单通常包括创建和编辑库存、管理客户服务、接受付款、检查欺诈行为以及在制造商、供应商、仓储和运输公司之间处理文件等内容。

为了有效地管理订单和避免双重处理错误，订单、库存、供应商和客户数据必须在一个系统中同步。订单管理软件（OMS）接收来自所有销售渠道的订单，并从下单的那一刻起直到客户确认交货为止，对其进行监控。OMS是主要的连接中心，其中显示了订单的所有信息，包括路线、位置、库存、仓库，以及为创建发票和接受付款而集成的财务模块等。

2. 库存管理

库存管理子系统从货位、批次、单件等不同角度来管理库存物品的数量，以便用户可以及时了解和控制库存业务各方面的准确情况和数据。库存管理子系统是一个多层次的管理系统，可以从多种角度反映物品的库存情况。该系统可以跟踪物品的来源、去向，以便在销售、生产各环节中发现问题时，能及时追究原因或将出现问题的产品及时追回，最大限度地降低损失。该系统还可以进行库存物品订货数量的自动计算、各种超常规状态的报警等，还可支持多种计量单位、多种货币的自动转换。

库存管理系统用来控制存储物料的数量，以保证稳定的物流能支持正常的生产，但又能最小限度地占用资本。它是一种相关的、动态的、真实的库存控制系统。它能够精确地反映库存现状，满足相关部门的需求，随时间变化动态地调整库存。其功能涉及以下三个方面：

1）为所有的物料建立库存，作为采购部门采购、生产部门编制生产计划的依据。
2）收到订购物料，经过质量检验入库；生产的产品也同样要经过检验入库。
3）收发料的日常业务处理工作。

3. 采购管理

采购部门是每个企业必须有的，负责生产材料的购买，不管是制造型企业，还是房地产企业。采购管理子系统包括请购单、采购入库单、进货单等，采购计划员接收生产工单转成的LRP（物流资源计划），结合各部门的手工请购单进行采购，料到后在系统中办理入库，其他部门可直接通过系统查询领用材料的库存信息。

系统根据所接的客户订单，同时考虑库存，智能地计算出某种商品或物资在哪一天需要采购多少量，由用户确定采购供应商后，自动生成相应的采购单。利用图形化的分析工具，用户可形象地得到某一种商品未来的库存数量的变化趋势，确定该商品在哪一天需要采购。

4. 销售管理

通过销售管理子系统，可输入客户的订单、销货，可查询以往历年的销售记录，包括客户名称、合同号、产品名称、数量、商品价格等，并可自动计算总的销货数据。

销售管理是从产品的销售计划开始的，是对其销售产品、销售地区和销售客户等各种信息的管理和统计，并可对销售数量、金额、利润、绩效、客户服务做出全面的分析。销售管理大致有三个方面的功能：

1）对于客户信息的管理和服务。
2）对于销售订单的管理。
3）对于销售的统计与分析。

除上述主要的四大模块外，生产物料管理系统还包含系统设置、订单管理、客户管理、账务管理、远程管理、综合查询等模块。

系统设置：主要对客户信息、商品信息、远程仓库、数据库备份、历史业务数据处理、系统用户权限设置等系统主要参数进行初始设置或维护。

订单管理：提供接单与报价功能，系统根据客户订单要求的商品或物资的数量安排采购，同时可以查询相关的商品供应商的商品信息，便于对订单进行有效管理。

客户管理：根据统计分析客户的出库或销售业绩，确定客户的信用等级，查询日销售、周销售、月销售和年销售的报表等，同时可以通过查询从某个供应商处采购的商品信息来进行分析。

账务管理：具备流水账、资金计划、应收付款、已收付款、订单收款、采购付款、成本利润分析等功能，可帮助用户有效准确地管理账务。

远程管理：包括统计查询远程库存的商品信息、接收发送远程的出入库商品信息等，同时可以远程进行信息联络，管理本地存放的他人商品。

综合查询：提供出入库、退货、接收退货、采购、订单、应收应付、已收已付款等信息的统计查询分析功能。

2.3.4　ERP 系统与 MES 的联合

在现代企业管理中，很多企业都会引入一些软件管理系统，因此 EPR 系统的应用已经比较普遍。值得一提的是，ERP 系统在企业的内控管理中具有非常重要的价值。然而，其在企业生产管理方面的价值却没有那么强，也就是说，仅依靠 ERP 系统，并不能让企业的生产过程的管理更加优化，还需要企业 MES（制造执行系统）的参与，MES 的主要功能就是对产品的制造执行过程进行监控，以实现产品生产流程的优化管理。

现阶段，企业间的竞争已经不仅是两个企业之间的事了，而是两条供应链之间的事。这也意味着提高效率不仅要从战略或商业层面上进行改善，而且要从整个供应链进行改善。只有对企业内整个生产过程的信息进行整合、优化，才能让整个生产链条得以高效运转。ERP 系统更倾向于策略的制定，即对生产任务信息的编排、对财务管理控制信息的梳理，但是 MES 更倾向于执行操作层面，其倾向于对产品制造信息的管理。

在企业的具体管理中，可以让 MES 与 ERP 系统进行串联，这样企业 MES 可以发挥"桥梁"的作用，即 MES 能够衔接上层 ERP 与底层控制。在实际的企业管理中，MES 能够有效地分解 ERP 系统下达的生产规划，将其分解成一个又一个可执行的任务，并且能够将制造执行的过程信息及时地反馈给计划层，在衔接控制层时，其能够有效地监控生产流程中设备的运行情况，并传递运行指令要求，从而形成信息闭环。

当前的生产制造工艺和需求日趋复杂，MES 已成为推动企业管理集成化和平台化的重要工具。在企业生产管理中，制造车间的能力分配复杂、困难，如果无法推动生产系统的优化，就会直接导致生产效率的低效，这会对企业的管理效益与生产力的提高造成巨大的危害。

2.4　任务计划

教师活动：教师提供生产物料管理系统操作指南。
学生活动：掌握生产物料管理系统模块功能并进行实训。

项目 6 生产智能物流

小组制订实训计划并展示

教师活动：教师要求学生小组合作完成生产物料管理系统模块的设置。

学生活动：学生分小组讨论，小组合作完成生产物料管理系统模块的设置。

2.5 任务决策

实战演习任务决策

教师活动：教师选出一个学生代表（这个学生是以往表达不清晰的）和自己进行任务决策，教师暂时担任小组长的角色。

学生活动：被选出的学生代表与教师进行决策对话，让其他学生观察，并进行口头评价、补充、改进。

提交任务决策

学生活动：每个小组有序开展生产物料管理系统模块的操作，并在任务工作单上表述出来。

教师活动：教师对每个学生小组的操作进行确认。

2.6 任务实施

示范操作

教师活动：教师亲自示范讲解，或者播放相关的微课视频。

学生活动：学生观察教师的示范表达，或者观看微课视频中的示例操作。

操作实施

教师活动：教师将学生分组，并要求学生分工明确。在实施过程中，教师进行巡视、指导。

学生活动：学生分组，分别对相关研究内容进行调研分析。每组 5 人，两组间分别进行生产物料管理系统模块设置步骤的说明表达，分别对其进行评价和监督，最终等待教师选派部分小组上台进行汇报。

2.7 任务检查

教师活动：教师提供任务检查单。教师要求学生分组，小组合作完成任务检查，并在任务检查单上进行标注。教师要求学生小组成员对工作过程和工作计划进行监督和评估，记录优缺点及改进建议，并口头表述。教师要重点引导学生对小组内其他成员的支持性意见的表达，并训练学生接纳他人的建议。

学生活动：学生分组，小组合作完成任务检查，并在任务检查单上进行标注。学生按照教师的规定对小组内其他成员的工作过程提出改进建议。

2.8 任务评价

教师活动：教师归纳整理理论体系，以一页 PPT 展示知识点、技能点和素养点。

学生活动：学生认真反思、倾听，构建适合自己学习的知识体系。学生对照学习目标进行自我评价。

课程育人（六）

在 AGV 关键技术的探索中，一位哈尔滨工业大学的毕业生协同其他几个毕业生将所学理论应用到实践探索中，并成立了机器人公司，专注研究激光 SLAM（即时定位与地图构建）技术。通过 5 年的不断摸索，在 2020 年攻克激光 SLAM 技术，并且该公司在 2020 年被评为胡润 Under30s 创业领袖和国家高新技术企业。由此可见，专注的力量大到无法想象。

在汽车工业中，企业实施有效的生产管理系统，使生产运作流程得到规范化。生产管理系统涵盖整个总装车间的生产过程质量控制体系，可以使车间管理透明化，打破"黑箱作业"，可以使质量、生产、设备、部件的信息和状态一目了然，提高管理水平；响应速度大幅提高，可以及时发现生产现场的问题，并针对问题及时做出处理。

而在学习生活中，当代大学生一定要约束和规范自己的行为，以社会主义核心价值观为指引。社会主义核心价值体系也是引领当代大学生成长成才的根本指针。大学生只有学习和践行社会主义核心价值体系，坚持崇高理想追求，弘扬伟大民族精神，塑造文明道德风尚，才能健康成长为社会主义建设的有用之人。

高职高专汽车制造类立体化创新教材

汽车制造物流技术
任务工单

主　编　陈　义　张俊峰　谭周琴
副主编　赵　军　李彭熙　周　扬　任宏基
参　编　罗宏林　陈心赤　王　昆　李明昆

机械工业出版社

目录

项目1 汽车制造生产物流 ··· 1
  任务1 认识汽车物流与汽车生产物流 ··· 1
  任务2 分析汽车生产物流管理要素和运营模式 ··································· 2
项目2 汽车制造工厂物流布局 ··· 4
  任务1 认识汽车制造工厂生产线布局 ··· 4
  任务2 认识汽车制造物流规划 ··· 5
  任务3 认识精益物流规划与管理 ··· 6
项目3 生产物流现场管理 ··· 8
  任务1 认识生产现场6S管理与目视管理 ··· 8
  任务2 认识生产物流设备及其管理 ··· 9
  任务3 认识生产现场定置管理 ··· 11
项目4 生产物料管理 ··· 13
  任务1 认识物料盘点 ·· 13
  任务2 认识不良品管理 ··· 14
  任务3 认识现场物料配送 ··· 17
项目5 生产计划管理与控制 ··· 19
  任务1 认识汽车库存管理 ··· 19
  任务2 编制企业生产计划 ··· 20
  任务3 分析生产计划管理与控制策略 ··· 22
项目6 生产智能物流 ··· 24
  任务1 认识生产智能物流设备AGV ·· 24
  任务2 设置生产物料管理系统 ··· 26
附录 ··· 27
  附录A 汽车生产物流及其发展现状调研报告 ································· 27
  附录B 汽车装配车间物流布局方案设计 ·· 29
  附录C 车间现场精益物流规划管理改善方案 ································· 31
  附录D 某仓库物料盘点作业规范 ·· 33
  附录E 8D报告 ··· 35
  附录F 车间现场物料配送改善方案 ·· 37

项目 1
汽车制造生产物流

任务 1　认识汽车物流与汽车生产物流

掌握汽车物流的内容和分类，了解汽车生产物流的基本内容和构成、特征，并研究分析汽车生产物流发展现状。

即将进入大学校园的小李选择的是汽车制造类专业，在该类专业的课程计划中，有一门关于汽车生产物流技术的课程。同学们，你们能通过回答下面的问题来帮助新生介绍一下汽车生产物流技术课程的主要方向和内容吗？

（1）请简述汽车物流主要包含的内容及汽车物流的分类。
_____
_____

（2）请简述汽车生产物流的基本内容和对象。
_____
_____

（3）请谈谈你对汽车生产物流发展现状的认识。
_____
_____

（4）物料是为了_____、_____和_____、在制品库存及制成品从_____到_____的有效率的流动而进行的两种或多种活动的集成。

（5）汽车企业物流管理系统中连续不断的实物流动可简化为_____、_____、_____。

（6）以下那一项不是典型的物流活动（　　）。
A. 企业生产物流　B. 企业供应物流　C. 企业销售物流　D. 企业电商物流

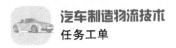

（7）在精益生产方式下，要落实生产物流，究竟该如何改善呢？

 实操任务

汽车生产物流及其发展现状调研报告

一、实训目的

教师提供任务工作单、汽车物流行业调研分析报告，指导学生完成对汽车生产物流的分析。学生根据教师提供的资料和教材内容进行查阅和讨论，并对汽车生产物流形成系统化逻辑思维。

二、实训内容

1. 学生分小组讨论，小组合作完成调研报告的框架。
2. 学生分析讨论并形成调研报告。

三、实训要求

1. 将学生分组，每组 5~8 人，按组进行分析讨论。
2. 针对所分析和讨论的内容，选派学生代表进行汇报说明。

（调研报告封面与格式参见附录 A）

任务2　分析汽车生产物流管理要素和运营模式

了解在汽车生产物流管理中，重点管理的几个要素，根据国内的宏观环境，并结合汽车制造企业的经营现状和特点来判定生产物流的运营模式及其优缺点。

1. 对汽车制造企业生产物流的管理要素进行归纳。

2. 目前汽车生产物流运营模式可以分成三大类：_____、_____、_____。

实操任务

通过案例分析撰写汽车生产物流管理要素和运营模式分析报告

一、实训目的

培养学生应用所学知识对汽车制造企业生产物流运营模式中的问题进行分析，提高学生解决问题的能力。

二、实训内容

1. 学生以小组为单位，调研 2 家汽车制造企业的生产物流运营模式。
2. 分析讨论并形成分析报告。

三、实训要求

1. 教师将学生分组，每组 5～8 人，按组进行分析讨论。
2. 教师针对所分析和讨论的内容，选派学生代表进行汇报说明。

项目 2
汽车制造工厂物流布局

任务 1　认识汽车制造工厂生产线布局

任务描述

了解汽车制造工厂生产线布局,学习汽车生产制造过程中主要的四大工艺流程,包括冲压工艺流程、焊装工艺流程、涂装工艺流程、装配工艺流程,对汽车生产制造过程中的生产线布局有直观的认识。

学习任务

1. 车身零件冲压生产的＿＿＿＿和＿＿＿＿,是衡量汽车车身制造技术水平的重要标志之一。

2. 冲压生产的机械化和自动化表现在哪些方面?
＿＿
＿＿

3. 汽车焊装夹具通常由＿＿＿＿、＿＿＿＿、＿＿＿＿、＿＿＿＿、＿＿＿＿五大部分组成。

4. 涂装生产线一般主要由＿＿＿＿、＿＿＿＿、＿＿＿＿、＿＿＿＿、精修线及其烘干系统组成。

项目 2
汽车制造工厂物流布局

 实操任务

汽车制造工厂生产线布局方案

通过对某汽车制造工厂生产线布局进行分析,找出其存在的问题,运用系统布置设计方法对车间进行物流和非物流关系分析,并设计出最佳的布置方案,使工厂达到物流顺畅、搬运路线最短、空间和资源利用率最优的目的。

分析题:
1. 结合教师提供的案例,谈谈如何运用系统布置设计方法对工厂生产线进行优化。
2. 结合身边的例子,谈谈你发现的工厂生产线布局所存在的问题。

任务2　认识汽车制造物流规划

了解汽车制造物流的布局情况,学习整车仓储与运输、汽车备件物流配送中心规划与库存分布结构等主要内容,对汽车备件物流配送中心选址规划与库存分布结构有直观的认识。

1. 汽车平面仓储的库存管理要求有哪些?

2. 汽车备件物流配送中心选址的影响因素有哪些?

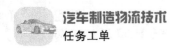

 实操任务

汽车装配车间物流布局方案设计

一、实训目的

教师提供任务工作单，指导学生完成对某汽车装配车间物流布局方案的撰写。根据教师提供的资料和教材内容进行查阅和讨论，并完成汽车装配车间物流布局方案。

二、实训内容

1. 学生分小组讨论，小组合作完成汽车装配车间物流布局的设计。
2. 分析讨论汽车装配车间物流布局方案设计。

三、实训要求

1. 教师将学生分组，每组 5~8 人，按组进行分析讨论。
2. 教师针对所分析和讨论的内容，选派学生代表进行汇报说明。

（方案设计封面与格式参见附录 B）

任务3　认识精益物流规划与管理

精益物流是起源于日本丰田汽车公司的一种物流管理思想，其核心是追求消灭包括库存在内的一切浪费，并围绕目标产生的一系列具体的管理方法和措施，探讨如何通过精益物流系统的规划来降低成本和效率，构筑精益物流管理规划，并了解如何推进精益物流。

学习任务

1. 精益生产是指通过_____、_____、_____、_____和_____等方面的变革，生产系统能够快速适应用户需求的不断变化。

2. 生产中存在的七种浪费有哪些？

_____

_____

_____

3. 供应物流领域新的服务方式主要有_____、_____、_____。

4. 请谈谈供应物料的发展趋势。

  实操任务

车间现场精益物流规划管理改善方案

一、实训目的

教师提供任务工作单,指导学生完成对某车间现场精益物流规划管理改善方案的撰写。学生根据教师提供的资料和教材内容进行查阅和讨论,并撰写车间现场精益物流规划管理改善方案。

二、实训内容

1. 学生分小组讨论,小组合作完成改善方案的框架。
2. 学生分析讨论形成车间现场精益物流规划管理改善方案。

三、实训要求

1. 教师将学生分组,每组5~8人,按组进行分析讨论。
2. 教师针对所分析和讨论的内容,选派学生代表进行汇报说明。

(改善方案封面与格式参见附录C)

项目 3
生产物流现场管理

任务 1　认识生产现场 6S 管理与目视管理

介绍生产现场 6S 管理和目视管理的内容，学习现场 6S 管理和目视管理的思想。结合实际案例，掌握生产现场 6S 管理和目视管理的实际应用。

1. 简述现场 6S 管理的目的。

2. 简述 6S 管理的内容。

3. 整理的要领是（　　）。
A. 区分有用品和无用品　　B. 分门别类　　C. 建立清扫基准　　D. 制度标准化
4. 整顿的要领是（　　）。
A. 区分有用品和无用品　　B. 分门别类　　C. 建立清扫基准　　D. 制度标准化
5. 清洁的要领是（　　）。
A. 区分有用品和无用品　　B. 分门别类　　C. 建立清扫基准　　D. 制度标准化
6. 简述现场 6S 管理的实施步骤。

7. 简述目视管理的内容。

 实操任务

如何维持 6S 管理成果的方案报告

一、实训目的

在国内 6S 管理推进的浪潮中,很多企业把 6S 管理作为生产现场最基础的管理方法,许多人也认识到,在 6S 管理推行实施的前期还好,但到后期很难坚持下去,是什么原因呢?作为管理者,你会采取什么措施维持 6S 管理成果?通过对这些问题的思考,深化对 6S 管理的认识。

二、实训内容

1. 学生分小组讨论,小组合作完成方案报告的框架。
2. 学生分析讨论形成方案报告。

三、实训要求

1. 教师将学生分组,每组 5~8 人,按组进行分析讨论。
2. 教师针对所分析和讨论的内容,选派学生代表进行汇报说明。

任务2　认识生产物流设备及其管理

认识常用的生产物流设备,了解生产物流设备的发展方向,学会生产物流设备的合理使用与保养。

1. 简述生产物流设备配置的原则。

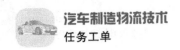

2. 叉车是指对成件托盘货物进行_____、_____和_____的各种轮式搬运车辆。叉车通常可以分为3类：_____、_____、_____。

3. 主要用于放置周转箱的是（　　）。
   A. 重型托盘货架　B. 流利式货架　C. 悬臂式货架　D. 移动货架

4. 自动化立体仓库可实现_____、_____、_____、_____和_____功能的整合。

5. 什么是 DPS 和 DAS？
   _____
   _____
   _____
   _____

6. 简述生产物流设备的发展方向。
   _____
   _____
   _____
   _____

7. 如何保障物流设备的合理使用？
   _____
   _____
   _____

8. 在物流设备的修理中，_____是全面恢复设备工作能力的修理，_____是局部性调整与恢复的修理，_____是排除故障性的修理。

 实操任务

生产物流设备发展现状调研报告

一、实训目的

学生通过自主查阅资料、分组讨论，深化对生产物流设备的认识，了解生产物流设备的发展现状。

二、实训内容

1. 学生分小组讨论，小组合作完成调研报告的框架。
2. 学生分析讨论形成调研报告。

三、实训要求

1. 教师将学生分组，每组 5~8 人，按组进行分析讨论。
2. 教师针对所分析和讨论的内容，选派学生代表进行汇报说明。

任务3　认识生产现场定置管理

了解定置管理的概念及原理,熟悉定置管理的开展程序;能识别简易的定置图并灵活运用定置管理的原理对案例进行综合分析。

1. 请简述定置管理的概念。

2. 请简述定置管理的原理。

3. 定置管理的开展程序包括＿＿＿＿、＿＿＿＿、＿＿＿＿、＿＿＿＿、＿＿＿＿、＿＿＿＿、＿＿＿＿、＿＿＿＿。

4. 定置图设计包括哪些原则?

　实操任务

案例:小小定置图,换得环境优

为了贯彻 ISO 14000 标准的精神,使车间在环境上有所提高,做到统一、规范、整洁,二厂冲压车间在贺经理的倡议和各工段的配合下,由车间工艺员王某设计制作了一套车间定置管理示意图。经过一个多月的仔细勘察、严谨制作,再经过反复核实修改,终于将各工段内应该定置摆放的器具,用不同颜色的小图标表示出来,形成了一幅全车间的定置管理图。

定置管理图的实施，使车间面貌变得整齐、有序、干净。之前，每个工段都有一些不用或者放"乱七八糟"物品的箱子和柜子，由于不经常使用，造成周边环境不整洁，卫生死角很多。通过这次定置管理的实施，明确标明了某个地方应该放哪些物品、不应该放哪些物品，把以前一些不常用的箱子和柜子一一清理掉。

比如，以前每个工段都有放顶棒的箱子，但职工们都把顶棒放在专门放顶棒的小车上，要用时，就把载有顶棒的小车推出去就可以了，而箱子里的顶棒不经常使用。由于定置管理措施的出台，这些放顶棒的箱子没有了藏身之处，终于从"一线"退了下来。

通过这次定置管理的实施，也进一步明确了各工段的管理范围，使它们各司其职，使以前一些含糊不清的区域找到了"主人"。如三线一号机前的一块堆料区，之前由落料工段和三线所在工段进行管理，"权利"和"义务"比较模糊，经过定置管理的实施和激烈的讨论，终于明确这块区域为落料工段管理。

分析题：

1. 结合案例，谈谈案例中是如何运用定置管理进行优化的。
2. 结合身边的例子，谈谈你将如何应用定置管理的相关知识。

项目 4
生产物料管理

任务 1　认识物料盘点

了解物料盘点的概念、内容及分类，了解物料盘点的准备工作及要求，了解物料盘点的步骤及注意事项；能灵活运用物料盘点的有关知识对案例进行综合分析，能编撰物料盘点作业规范。

1. 请简述物料盘点的概念。
_____
_____

2. 请简述物料盘点的内容。
_____
_____

3. 物料盘点的分类包括 _____、_____ 和 _____。
4. 物料盘点的步骤包括 _____、_____、_____ 和 _____。
5. 物料盘点的准备工作包括（　　）环节。(多选题)
A. 制订盘点计划　B. 制作盘点表　C. 明确盘点人员　D. 结果分析
6. 物料盘点的目的有哪些？
_____
_____

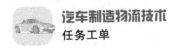

 实操任务

某仓库物料盘点作业规范

一、实训目的

教师提供任务工作单，指导学生完成对某仓库物料盘点作业规范的撰写。学生根据教师提供的资料和教材内容进行查阅和讨论，并撰写某仓库物料盘点作业规范。

二、实训内容

1. 学生分小组讨论，小组合作完成某仓库物料盘点作业规范的框架。
2. 学生分析讨论形成作业规范。

三、实训要求

1. 教师将学生分组，每组 5～8 人，按组进行分析讨论。
2. 教师针对所分析和讨论的内容，选派学生代表进行汇报说明。

（作业规范封面与格式参见附录 D）

任务 2　认识不良品管理

通过对不良品管理的学习，认识不良品的分类、处理流程和预防措施，同时学会用 8D 问题求解法解决产品质量问题。

1. 不良品按不合格程度可以分为 _____ 、_____ 、_____ 和 _____ 。
2. 简述不良品产生的原因。

_____

_____

_____

项目 4
生产物料管理

3. 简述不良品的处理流程。

4. 简述 8D 的起源。

5. 8D 问题求解法的 9 个步骤：_____、_____、_____、_____、_____、_____、_____、_____ 和 _____。

6. 可以通过 _____ 和 _____ 工具分析并验证问题的根本原因。

实操任务

8D 报告

一、实训目的

教师提供案例，引导学生进行分析，独立完成 8D 报告，并学会用 8D 解决实际问题。

二、实训内容

1. 学生分小组讨论，小组合作完成 8D 报告的框架。
2. 学生分析讨论形成 8D 报告。

三、实训要求

1. 教师将学生分组，每组 5～8 人，按组进行分析讨论。
2. 教师针对所分析和讨论的内容，选派学生代表进行汇报说明。

四、实训案例

D1：成立小组

针对 H8848 档位漏水原因及处理办法，成立改善团队。团队成员：生产线主管、PIE（工艺整合）工程师、QC（质量控制）工程师、注塑主管。

D2：说明问题

第一档位漏水；第三档位漏水；连续生产 100 个，有 10 个档位漏水，比例高达 10%；发现现场有来料不良，如 O 形圈座缺胶等。

D3：实施并验证临时控制措施

由于出货时间紧，同意继续生产，同时增加功能测试的人手，以确保流水线检测后的产品都是良品；生产线安排人手挑选出不良的O形圈座，以避免其流入生产。QC工程师清查仓库的O形圈座，以确保不良O形圈座在送到生产线之前已经分流，同时加强合格品的抽检。

D4：确定并验证根本原因

分析20个不良品，出现问题的根本原因如下：

（1）有3个是O形圈座缺胶，导致档位间的密封不能实现（胶件来料不良）。

（2）有2个O形圈座的进水孔缺胶，导致其与转换片之间不能实现有效密封（胶件来料不良）。

（3）有12个转换片损坏，导致其不能在正常位置密封（经查来料转换片均为良品，损坏来自组装过程）。

（4）有3个是由于转换片与O形圈座之间有胶削（胶削的来源：一种是来料的胶削没有清理，导致胶削在水道中运动时，卡在水道进水口位置；一种是测试槽长时间没有清洗，造成水池中的杂物由水泵经软管进入花洒，卡在水道局部位置），影响了档位密封。

D5：选择并验证永久纠正措施

（1）针对原因（1）和原因（2），QC工程师加强胶件入库前的检查，同时加强员工培训，使员工清楚产品的品质控制点，能够自行有效识别。

（2）针对组装造成的不良，采取临时措施：改善作业方法，增加一个工序，在组装转换片时，使转换片的终止位置接触O形圈座凸点，避免在拧紧花洒盖时，花洒盖带动转换片转动，跃过O形圈座凸点。此措施在做出新的指示前使用。永久纠正措施：更改O形圈座模具，使凸点的高度加高1mm，确保转换片在组装过程中不会跃过该凸点。

（3）针对原因（4）提出的永久纠正措施：①每2h对测试水槽换一次水，确保水质干净无杂物；②注塑部在将胶件装箱前，必须先清理干净胶箱；对于需要用刀具加工的胶件，加工地点应远离胶箱，避免胶削飞入胶箱；加工胶件后应用气枪吹胶件，确保胶削已经脱离胶件本身。③QC工程师加强胶箱的检查和胶件的检查。

D6：实施永久纠正措施

通过FMEA（失效模式分析）试产验证，经过生产部、注塑部、品质部和工程部确认，上述问题已经得到根本解决。

D7：预防再发生

QC（工程师）制定点检表，检查胶箱，修订作业指引，将胶件易发生缺胶的位置纳入检查事项。

D8：小组祝贺

（8D报告封面与格式参见附录E）

项目 4 生产物料管理

任务 3　认识现场物料配送

了解现场物料配送的概念，了解现场物料配送的三种方式，了解现场物料配送管理优化；能灵活运用现场物料配送的有关知识对案例进行综合分析，能撰写车间现场物料配送改善方案。

1. 请简述现场物料配送的概念。
_____
_____

2. 请简述 JIT 配送的优缺点。
_____
_____

3. 现场物料配送的方式包括_____、_____和_____。

 实操任务

车间现场物料配送改善方案

一、实训目的

教师提供任务工作单，指导学生完成对某车间现场物料配送改善方案的撰写。学生根据教师提供的资料和教材内容进行查阅和讨论，并撰写车间现场物料配送改善方案。

二、实训内容

1. 学生分小组讨论，小组合作完成改善方案的框架。

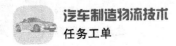

2. 学生分析讨论并形成车间现场物料配送改善方案。

三、实训要求

1. 教师将学生分组,每组 5~8 人,按组进行分析讨论。

2. 教师针对所分析和讨论的内容,选派学生代表进行汇报说明。

(改善方案封面与格式参见附录 F)

项目 5
生产计划管理与控制

任务 1　认识汽车库存管理

任务描述

介绍库存的概念、分类及汽车企业的库存管理发展趋势等内容。通过对本任务的学习,结合实际案例,掌握汽车库存管理策略的实际应用,能独立开展汽车库存管理策略的选择与应用。

学习任务

1. 库存的概念是什么?
_____
_____

2. 简述汽车备件库存管理的策略。
_____
_____

3. 下列不属于单品种备件需求特性经历阶段的是(　　　)。
　A. 导入期　　　　B. 增长期　　　　C. 平稳期　　　　D. 衰退期
4. 下列不属于汽车备件库存管理策略的是(　　　)。
　A. 日库存策略　　B. 周库存策略　　C. 月库存策略　　D. 年库存策略
5. 从生产过程的角度来划分,下列不属于库存分类的是(　　　)。
　A. 原材料库存　　　　　　　　　　B. 零部件及半成品库存
　C. 总成库存　　　　　　　　　　　D. 成品库存

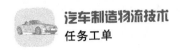

6. 简述库存的重要性。

7. 简述汽车企业的库存管理趋势。

 实操任务

如何做好汽车物流库存管理改善方案

一、实训目的

一辆汽车由成千上万种零部件组成，如何根据不同零部件的特性，做好对应的库存管理，是一件令人头疼的事。另外，如何将所有的零部件资源进行整合，在保证库存成本最低的情况下，为生产整车做好万全准备，以满足客户需求，也是一个值得探讨的问题。学生根据教师提供的资料和教材内容进行查阅，并对如何做好汽车物流库存管理进行讨论并形成改善方案。

二、实训内容

1. 学生分小组讨论，小组合作完成改善方案的制定。
2. 学生分析讨论并形成改善方案。

三、实训要求

1. 教师将学生分组，每组5~8人，按组进行分析讨论。
2. 教师针对所分析和讨论的内容，选派学生代表进行汇报说明。

任务2　编制企业生产计划

任务描述

介绍生产计划的含义及构成、企业生产计划的编制方法等内容。通过对本任务的学习，结合实际案例，掌握生产计划编制方法的实际应用，能独立开展汽车企业生产计划编制方法的选择与应用。

项目 5
生产计划管理与控制

学习任务

1. 生产计划的含义是什么？

2. 简述生产计划的主要指标。

3. 下列不属于汽车制造企业生产计划的构成的是（　　）。
A. 综合生产计划　　B. 主生产计划　　C. 物料需求计划　　D. 库存计划

4. 简述不同生产计划之间的关系。

5. 下列不属于分层编制法常见的三级层次的是（　　）。
A. 工厂级　　B. 车间级　　C. 班组级　　D. 公司级

6. 实现 OPT 的主要方法有哪些？

实操任务

汽车制造企业生产计划编制方案报告

一、实训目的

如何做好汽车制造企业生产计划的编制，是关乎整个汽车制造企业运作的首要问题，因为汽车制造企业的人力、物资、后勤保障等都随着计划的改变而改变。学生根据教师提供的资料和教材内容进行查阅，并对如何做好汽车制造企业生产计划的编制，最大限度地提升生产效率、节省运行成本进行讨论，最终形成方案报告。

二、实训内容

1. 学生分小组讨论，小组合作完成方案报告的框架。
2. 学生分析讨论并形成方案报告。

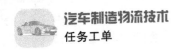

三、实训要求
1. 教师将学生分组，每组 5~8 人，按组进行分析讨论。
2. 教师针对所分析和讨论的内容，选派学生代表进行汇报说明。

任务 3　分析生产计划管理与控制策略

介绍生产计划管理与控制的内容及策略。通过对本任务的学习，结合实际案例，掌握生产计划管理与控制的实际应用，能独立实施汽车企业生产计划管理与控制。

1. 下列不属于生产计划管理与控制的内容的是（　　）。
A. 生产进度控制　　B. 提前期管理　　C. 库存控制与在制品管理　　D. 不良品管理
2. 简述为什么要做好生产进度控制。

_____

_____

_____

3. 简述柔性策略。

_____

_____

_____

4. 简述敏捷策略。

_____

_____

_____

 实操任务

汽车制造企业生产计划管理与控制改善方案

一、实训目的
汽车制造企业生产计划管理与控制是生产计划编制后最重要的一环，由于计划在实施过程中会遇到各种各样的问题，因此，如何解决这些问题，实时调整计划，以达成最终的生产目标，是一个值得探讨的主题。学生根据教师提供的资料和教材内容进行查阅，并基于如何做好汽车制造企业生产计划管理与控制，按时、保质保量完成生产目标进行讨论，最终形成改善方案。

二、实训内容

1. 学生分小组讨论，小组合作完成改善方案的框架。
2. 学生分析讨论并形成改善方案。

三、实训要求

1. 教师将学生分组，每组 5~8 人，按组进行分析讨论。
2. 教师针对所分析和讨论的内容，选派学生代表进行汇报说明。

项目 6
生产智能物流

任务 1 认识生产智能物流设备 AGV

了解生产智能物流设备 AGV 的应用场景，重点分析汽车行业的 AGV 应用，掌握 AGV 的关键技术，并说明智能物流如何成为智能生产和智能工厂的突破口。

1. 谈谈你对智能物流的认识。
_____
_____

2. 假如你是某企业的生产工程师，你如何将企业原有工厂的生产物流升级为生产智能物流？
_____
_____

3. AGV 是 Automated Guided Vehicle 的缩写，它是指装备电磁或光学等_____，能够沿规定的_____，具有安全保护以及各种移载功能的_____；它可以通过计算机远程控制其运行行为并对其各种运行状态进行监控。

4. 以下（   ）是 AGV 的应用场景。（多选题）
A 物流仓储业　　　B. 制造业　　　C. 危险场所　　　D. 码头、机场

项目 6 生产智能物流

5. 在 AGV 导航技术中，图片 A 和图片 B 所示分别为_____技术和_____技术。

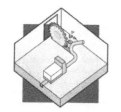

A.　　　　　　　　B.

6. 谈谈你对 AGV 发展现状的认识。

_____
_____
_____

 实操任务

案例：300 台智能 AGV 在奇瑞捷豹路虎整车线边的应用

奇瑞捷豹路虎常熟工厂是捷豹路虎首个英国本土以外的整车制造工厂，也是世界先进、高效的汽车生产基地。该工厂占地面积 81 万 m^2，产能 20 万辆/年。作为奇瑞捷豹路虎全球样板工厂的重要组成部分，常熟工厂重金投入多项高度智能化的前瞻技术。不同于电商零售，工业制造对生产节拍有极高的应用要求，也对设备效率及稳定性提出了更高的挑战。在奇瑞捷豹路虎的整车制造生产线线边仓物料自动化拣选作业及线边物料搬运项目中，通过数百台智能化 AGV，实现整车厂总装线 SEQ&SPS 线边仓的零部件拣选及排序自动化作业。单厂工业移动机器人体量近 300 台，采用货到人模式，减少现场工人行走距离及劳动强度的同时，提升现场拣选效率，实现人机分离作业，最终实现 SEQ&SPS 线边仓的零部件拣选及排序自动化作业，助力客户实现精益化生产；线边仓面积使用率降低 25%；拣选效率提高 2.5 倍；人工减少 40%。

该项目是全球整车厂领域规模较大的智能化 AGV 改造项目，也是国内首个总装车间全面应用智能化 AGV 完成零部件拣选配送任务的项目。它助力奇瑞捷豹路虎常熟工厂进一步实现精益化生产，并为以汽车为代表的制造业向工业 4.0 转型树立了标杆。在捷豹路虎区域高级经理张经理看来，智能化 AGV 在汽车行业的延展和应用落地，成为汽车行业智能化应用新的探索与风向标。

汽车生产企业 AGV 运用情况调研报告

一、实训目的

学生应用所学知识对汽车生产企业 AGV 运用情况进行分析，掌握 AGV 发展现状。

二、实训内容

1. 以小组为单位调研某家汽车生产企业的物流升级情况，以及 AGV 运用情况。
2. 学生分析讨论形成调研报告。

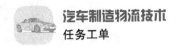

三、实训要求

1. 教师将学生分组,每组 5~8 人,按组进行分析讨论。
2. 学生针对所分析和讨论的内容,选派学生代表进行汇报说明。

任务 2　设置生产物料管理系统

学习智能物流生产物料管理系统和制造执行系统(MES),掌握如何操作 MES,能运用 MES 实训系统软件,能够有效地理解生产中的制造执行系统的应用。

1. 生产物料管理系统覆盖了_____、_____、_____等有关物料管理的所有任务。

2. 生产物料管理系统由哪几个模块组成?
_____
_____

3. ERP 系统如何与 MES 进行联合?
_____
_____

附录

附录 A

汽车生产物流及其发展现状调研报告

◇ 主　　题：
◇ 学　　院：
◇ 专业班级：
◇ 姓　　名：
◇ 学　　号：

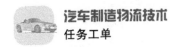

一、调研目的

（内容：可从理论、实操两方面谈。排版要求：楷体，小四号字，1.5 倍行距）

二、调研的主要内容

（内容：简述调研的主要内容。排版要求：楷体，小四号字，1.5 倍行距）

三、调研的主要过程和分工

（内容：简述小组如何展开调研及如何分工。排版要求：楷体，小四号字，1.5 倍行距）

四、调研总结

（内容：具体的调研总结、心得体会等，字数不限。排版要求：楷体，小四号字，1.5 倍行距）

附录 B

汽车装配车间物流布局方案设计

◇ 主　　题：
◇ 学　　院：
◇ 专业班级：
◇ 姓　　名：
◇ 学　　号：

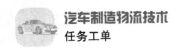

一、目的
（内容：可从理论、实践两方面谈。排版要求：楷体，小四号字，1.5倍行距）

二、范围
（内容：简述此方案设计的覆盖范围。排版要求：楷体，小四号字，1.5倍行距）

三、定义
（内容：简述此方案设计的内容。排版要求：楷体，小四号字，1.5倍行距）

四、职责
（内容：描述汽车装配车间各个部门的职责，字数不限。排版要求：楷体，小四号字，1.5倍行距）

五、车间物流运作模式分析
（内容：车间物流运作模式分析，字数不限。排版要求：楷体，小四号字，1.5倍行距）

六、车间物流结构布局
（内容：简述车间物流结构布局的类型，字数不限。排版要求：楷体，小四号字，1.5倍行距）

七、车间物流布局方案
（内容：简述优化后确定的车间物流布局总体方案设计，字数不限。排版要求：楷体，小四号字，1.5倍行距）

八、预防工作
（内容：针对车间物流工作突发情况的预案等，字数不限。排版要求：楷体，小四号字，1.5倍行距）

九、流程图
（内容：此次车间物流工作的流程图，字数不限。排版要求：楷体，小四号字，1.5倍行距）

附录 C

车间现场精益物流
规划管理改善方案

- ◇ 主　　题：
- ◇ 学　　院：
- ◇ 专业班级：
- ◇ 姓　　名：
- ◇ 学　　号：

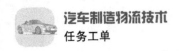

一、案例背景

（内容：简述案例的背景。排版要求：楷体，小四号字，1.5倍行距）

二、小组成员

（内容：简述小组成员及其各自的职责。排版要求：楷体，小四号字，1.5倍行距）

三、目标设定

（内容：简述此改善方案的目标，包括零部件包装规划、供应物流、仓库物流、生产物流、信息系统等方面。排版要求：楷体，小四号字，1.5倍行距）

四、现状及问题分析

（内容：描述车间现场精益物流规划管理的现状及问题，字数不限。排版要求：楷体，小四号字，1.5倍行距）

五、对策拟定与实施

（内容：介绍车间现场精益物流规划管理的改善措施，字数不限。排版要求：楷体，小四号字，1.5倍行距）

六、标准化、流程化措施

（内容：简述车间现场精益物流规划管理的标准化、流程化措施，字数不限。排版要求：楷体，小四号字，1.5倍行距）

七、待进一步优化的问题

（内容：简述此改善方案未解决但需要解决的问题，字数不限。排版要求：楷体，小四号字，1.5倍行距）

附录 D

某仓库物料盘点作业规范

- ◇ 主　　题：
- ◇ 学　　院：
- ◇ 专业班级：
- ◇ 姓　　名：
- ◇ 学　　号：

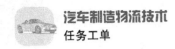

一、目的

（内容：可从理论、实践两方面谈。排版要求：楷体，小四号字，1.5 倍行距）

二、范围

（内容：简述作业规范的覆盖范围。排版要求：楷体，小四号字，1.5 倍行距）

三、内容

（内容：简述作业规范的内容。排版要求：楷体，小四号字，1.5 倍行距）

四、仓库各部门职责

（内容：描述仓库各个部门的职责，字数不限。排版要求：楷体，小四号字，1.5 倍行距）

五、物料盘点准备

（内容：介绍物料盘点的准备工作，字数不限。排版要求：楷体，小四号字，1.5 倍行距）

六、物料盘点方法

（内容：简述物料盘点的方法，字数不限。排版要求：楷体，小四号字，1.5 倍行距）

七、物料盘点步骤

（内容：简述物料盘点步骤及注意事项，字数不限。排版要求：楷体，小四号字，1.5 倍行距）

八、预防工作

（内容：针对物料盘点中的突发情况设计预案等，字数不限。排版要求：楷体，小四号字，1.5 倍行距）

九、流程图

（内容：设计此次物料盘点工作的流程图，字数不限。排版要求：楷体，小四号字，1.5 倍行距）

附录 E

8D 报告

✧ 主　　题：
✧ 学　　院：
✧ 专业班级：
✧ 姓　　名：
✧ 学　　号：

8D 报告

主题			投诉类型			
发生地点		发生时间		总批量数		提出日
客户		产品编号		检验数		提出人员
供应厂商		产品名称		不良品数		要求完成日期

1. 成立小组

部门	QA（质量保证）	IQC（来料质量控制）	生产	工程	开发	采购	业务
姓名							

2. 说明问题

起草人：		审核人：		完成日期：	

3. 实施并验证临时控制措施

序号	临时控制措施	负责人	日期
1			
2			

审核人：		审核日期：	

4. 确定并验证根本原因

起草人：		审核人：		完成日期：	

5. 选择并验证永久纠正措施

序号	选择并验证永久纠正措施	负责人	日期

审核人：		审核日期：	

6. 实施永久纠正措施

序号	实施永久纠正措施	确认人	日期
1			
2			

审核人：		审核日期：	

7. 预防再发生

序号	预防再发生	负责人	日期
1			
2			

审核人：		审核日期：	

8. 客户确认及评价

对第一批产品是否满意：yes（ ） no（ ） 与客户_____联系，确认此批出货产品有/无不良现象

对第二批产品是否满意：yes（ ） no（ ） 与客户_____联系，确认此批出货产品有/无不良现象

对第三批产品是否满意：yes（ ） no（ ） 与客户_____联系，确认此批出货产品有/无不良现象

备注

表单编号： 保存期限：三年

附录 F

车间现场物料配送改善方案

- ◇ 主　　题：
- ◇ 学　　院：
- ◇ 专业班级：
- ◇ 姓　　名：
- ◇ 学　　号：

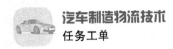

一、案例背景

（内容：简述案例的背景。排版要求：楷体，小四号字，1.5倍行距）

二、小组成员

（内容：简述小组成员及其各自的职责。排版要求：楷体，小四号字，1.5倍行距）

三、目标设定

（内容：简述该改善方案的目标，包括物料及时性、物料准确性、人力精简等方面。排版要求：楷体，小四号字，1.5倍行距）

四、现状及问题分析

（内容：描述车间现场物料配送的问题及现状，字数不限。排版要求：楷体，小四号字，1.5倍行距）

五、对策拟定与实施

（内容：介绍车间现场物料配送的改善措施，字数不限。排版要求：楷体，小四号字，1.5倍行距）

六、标准化、流程化措施

（内容：简述车间现场物料配送标准化、流程化的措施，字数不限。排版要求：楷体，小四号字，1.5倍行距）

七、待进一步优化的问题

（内容：简述该改善方案未解决但需要解决的问题，字数不限。排版要求：楷体，小四号字，1.5倍行距）